Ralph Caspers
mit Daniel Westland

Scheiße sagt man nicht!

Die 100 (un)beliebtesten Elternregeln
Mit Illustrationen von Eva von Platen

Rowohlt Taschenbuch Verlag

Originalausgabe
Veröffentlicht im Rowohlt Taschenbuch Verlag,
Reinbek bei Hamburg, Dezember 2007
Copyright © 2007 by Rowohlt Verlag GmbH,
Reinbek bei Hamburg
Illustrationen Eva von Platen
Umschlaggestaltung ZERO Werbeagentur, München
(Foto: FinePic, München)
Satz Candida PostScript (InDesign) bei
KCS GmbH, Buchholz bei Hamburg
Druck und Bindung Clausen & Bosse, Leck
Printed in Germany
ISBN 978 3 499 62212 0

Alle in diesem Buch gemachten Angaben sind von Herzen gut gemeint, aber dennoch ohne Gewähr und gänzlich unverbindlich.

Vorwort

Es ist noch gar nicht so lange her, da dachten wir uns, ein paar Bekannte und ich: Wäre es nicht großartig, diese bösen Elternregeln zu untersuchen, mit denen wir jahrelang gequält worden sind? Und sie als das zu entlarven, was sie in Wahrheit sind – aus der Luft gegriffene, haltlose Behauptungen, die nur zum Ziel haben, uns zu gängeln und zu malträtieren, damit das bestehende Machtverhältnis zwischen Eltern und Kindern unangetastet bleibt?

O ja, wir waren sofort Feuer und Flamme. Das war ganz nach unserem Geschmack! Und außerdem wollte ich meiner Mutter endlich sagen können: «Siehst du! Heulen macht keinen großen Wasserkopf! Und er platzt auch nicht davon!»

Also erinnerten wir uns an all die Sprüche unserer Eltern und hatten schon bald einen stolzen Katalog zusammen. Das Dumme war: Nur der kleinere Teil der ganzen Regeln stimmte nicht. Die meisten Vorschriften hatten wenigstens teilweise oder unter bestimmten Voraussetzungen ihre Berechtigung. Und viele – o Horror – gehörten gar eindeutig zur Kategorie «Stimmt».

Davon ließen wir uns natürlich nicht beirren. Denn auch wenn viele Sprüche unserer Eltern ihren wahren Kern haben, so kann es doch nicht schaden, zu wissen, zu welcher Gruppe der jeweilige Spruch gehört. Deshalb haben wir alle Regeln in drei Kategorien eingeteilt: stimmt, stimmt nicht und stimmt nicht ganz. (Ich denke, diese Einteilung erklärt sich von selbst.)

So ist dieses Buch am Ende hoffentlich eine gute Argumentationshilfe, wenn man beispielsweise mal wieder den Teller leer essen soll, damit das Wetter morgen schön wird. Und auf der anderen Seite kann es nie schaden, mit Wissen über den Ursprung der ein oder anderen richtigen Regel zu prahlen, sei es auch nur, um zu zeigen, dass man ein vernünftiger junger Mensch ist, den man nicht in ein enges Regelkorsett stecken muss, damit er unbeschadet durch die Welt kommt.

In diesem Sinne: Lebe und lerne!
Ralph Caspers
September 2007

PS: Wurde eine wichtige, das Leben in der Kindheit schwermachende Regel vergessen? Über eine kurze Nachricht an mutter@scheissesagtmannicht.de würde ich mich freuen.

SONNENUNTERGANG

1 Vom Fernsehen bekommt man viereckige Augen

Stimmt nicht. (Wenn man die Regel wörtlich nimmt.)

Kaum vorstellbar, aber wahr: Vor ungefähr 30 Jahren gab es höchstens drei Fernsehprogramme. Und das auch nur, wenn man guten Empfang hatte. Und diese drei Programme, die sich pfiffigerweise erstes, zweites und drittes Programm nannten, hielten es nicht für nötig, den ganzen Tag auf Sendung zu sein. Oh, nein, das Fernsehen begann irgendwann nachmittags und endete um Mitternacht mit der Nationalhymne. In der programmfreien Zeit dazwischen gab es Schnee oder Testbilder oder kleine Kätzchen, die auf einem Gerüst herumturnten.

Man konnte also richtig froh sein, wenn man tatsächlich mal ein Kinderprogramm erwischte. (Nicht so wie heute – mit freundlichen Grüßen.) Das war dann so aufregend, dass einige Kinder am liebsten in den Fernseher reinkriechen wollten. Plötzlich saß ich so nah am Apparat, dass ich nur noch rote, grüne und blaue Punkte sah und eine entfernt vertraute Stimme hörte, die mir zuraunte: «Geh nicht so nah ran, du bekommst viereckige Augen.»

Eins ist sicher: Egal, wie viel und wie nah man fernsieht, alles, was am Auge einigermaßen rund ist – der Augapfel, die Iris, der blinde Fleck –, bleibt rund. Ich kann das aus eigener Erfahrung bestätigen. Allerdings kann es passieren, dass die Augen Unterstützung in Form einer Brille benötigen. Und Brillen können auch schon mal sehr viereckig sein. Auch das kann ich aus eigener Erfahrung bestätigen. Versteht man die Regel eher im übertragenen Sinn, also meint man mit viereckigen Augen eine Brille, dann könnte an der Regel doch etwas dran sein. Verschiedene Studien haben tatsächlich einen Zusammenhang hergestellt zwischen einer Sehschwäche und übermäßigem Starren auf einen Bildschirm.

Wenn man aber von zu viel Fernsehen nur eine Brille bekommt, was lässt dann Eltern aller Generationen immer wieder dieses drastische Bild der viereckigen Augen hervorkramen? Eine Brille ist doch nicht so schlimm, sollte man meinen. Die Antwort lautet: Eitelkeit und Sparsamkeit.

Als Brillenträger hat man oft das Nachsehen. (Den billigen Witz bitte ich zu verzeihen, aber ich musste es einfach schreiben.) Wie oft bin ich zum Beispiel schon in einem engen Felsspalt hängengeblieben, weil mein Brillengestell zu breit war! Unzählige Male. Und wie oft habe ich morgens vergammelten Toast gegessen, weil ich ohne Brille den Schimmel nicht gesehen hatte! Ich kann die Scheiben gar nicht mehr zählen. Eltern wollen nicht, dass ihren Kindern das zustößt – verständlicherweise.

Außerdem kosten schicke Brillen eine Menge Geld.

Wenn man also viel fernsieht oder lange am Computer arbeitet, sollte man seinen Augen regelmäßig kleine Pausen gönnen, damit sie sich mal entspannen können. Das ist gut für die Augen. Kann sein, dass man trotzdem eine Brille braucht. Aber man muss es ja nicht darauf anlegen.

Wenn man also mit «viereckigen Augen» eine Brille meint, dann stimmt die Regel. Aber um der Klarheit willen sollte diese beliebte Regel eher lauten: «Von übermäßigem Fernsehkonsum kann man eine Sehschwäche bekommen, die am Ende zu einem viereckigen Kassengestell führen kann.» Diese Formulierung ist natürlich nicht ganz so griffig – entspricht aber eher der Wahrheit.

2 Haare aus der Stirn kämmen, sonst verdirbt man sich die Augen

Stimmt nicht.

Haare vor den Augen verursachen absolut keine Sehstörungen, verderben also auch nicht die Augen. Sie schränken höchstens das Blickfeld ein. Nur wenn einem eine Wimper oder ein Haar ins Auge gelangt, kann das zu Schmerzen und entzündlichen Veränderungen führen.

Lange Zeit (und bei vielen Eltern oder Großeltern auch heute noch) galt korrekt frisiertes Haar als Ausdruck von Anstand, Disziplin und Ordnung. Haar hingegen, das in die Stirn oder gar über die Augen hängt, wird verbunden mit aufmüpfigen, renitenten Kindern, die nie das tun, was ihnen gesagt wird. Und damit die Kinder sich «anständig» frisierten, hat wohl irgendwer irgendwann mal diesen Spruch erfunden.

Wirres, verfilztes Haar galt früher als Zeichen von Hexen. Wehendes, unordentliches Haar als Symbol für den Verzicht auf soziale Ordnung und die Abkehr vom gewöhnlichen Leben. Auch die Hippies und die Freiheitsbewegung bedienten sich des langen Haares, um gesellschaftliche Zwänge und Ansprüche in Frage zu stellen und sich gegen Autoritäten aufzubäumen. Dabei ist lang nicht gleich lang: Die «Pilzfrisur» der Beatles erschien in den Sechzigern als skandalös, heute wäre man damit im Konfirmationsunterricht der Bravste.

Andererseits: Samson in der Bibel verdankte seine unglaubliche Kraft seinem Haar, erst als es geschoren wurde, war er besiegbar.

Aller möglicher Aberglaube wurde um die Haare herumgeflochten: Menschen mit zwei Haarwirbeln sind wahlweise besonders geschickt oder klug oder Werwölfe, oder sie begehen leichter Selbstmord. Und abgeschnittene Haare soll man aufbewahren, weil sich sonst Vögel Nester daraus bauen, was beim Haarproduzenten zu Kopfschmerzen und Haarausfall führt. Das ist aber alles Unfug, ebenso wie die Sache mit den Haaren in der Stirn, die die Augen verderben.

3 Wenn man schielt, bleiben die Augen so stehen

Stimmt nicht.

«Unsinn, das ist noch nie passiert», sagt Augenarzt Dr. Dirk Wedemann aus Ochsenfurt. «Das Neuauftreten von Schielen jenseits des Kindesalters kann nur durch Nerven- oder Augenmuskelschäden bzw. durch langfristiges Abdecken eines Auges entstehen.»

Das Gerücht mag entstanden sein, weil jemand zum Beispiel im Überschwang einer Geburtstagsparty schöne Fratzen schnitt – und sich die Eltern hinterher erinnerten: «Das Kind schielt seit der Feier zum dritten Geburtstag.»

In allen derartigen Fällen haben Augenärzte aber feststellen können, dass der «Strabismus» (das Schielen) schon vorher bestand. Er fiel den Eltern nur halt zum ersten Mal beim wilden Wettschielen der überzuckerten Geburtstagsgäste auf.

Da fragt man sich natürlich: Wenn Schielen nicht gefährlich ist, wäre dann jetzt nicht eine gute Gelegenheit, es zu lernen? Auf jeden Fall! Am einfachsten ist es, die Arme auszustrecken, auf den Zeigefinger zu schauen und dann den Finger langsam in Richtung Nase zu führen. Die Augen bleiben auf den Finger gerichtet, und sobald der Finger auf der Nasenspitze liegt – und man ihn immer noch ansieht –, schielt man.

Schielen kann auch sehr nützlich sein – vor allem wenn man gerne Suchrätsel löst, in denen man bei zwei Bildern, die total gleich aussehen, die Unterschiede erkennen soll. Ich zum Beispiel habe das Schielen so perfektioniert, dass ich sofort die Unterschiede erkennen kann. Es funktioniert folgendermaßen: Die Augen schicken zwei leicht unterschiedliche Bilder an das Gehirn, das diese Bilder dann zu einem Bild zusammensetzt. Noch

nie aufgefallen? Dann bitte jetzt noch einmal den Arm strecken und den Daumen gerade machen. Ein Auge schließen und mit dem anderen auf den Daumen sehen. Und? Verdeckt der Daumen irgendetwas in der Ferne? Zum Beispiel ein Bild an der Wand? Schön. Dann jetzt einfach mal hin- und herblinzeln. Also abwechselnd mit dem einen und dann mit dem anderen Auge auf den Daumen schauen. Und was passiert? Es scheint, als würde der Daumen hin- und herspringen. Das sind die zwei leicht unterschiedlichen Bilder, die die Augen ans Gehirn senden und die im Hirn zu einem dreidimensionalen Bild zusammengesetzt werden. Dreidimensional bedeutet, wir können dank unserer beiden Augen auch Entfernungen abschätzen.

Wieder zurück zu den Bilderrätseln, bei denen man die Unterschiede erkennen muss. Wenn man die beiden Bilder nicht normal ansieht, sondern schielend, und das Gehirn es schafft, diese beiden Bilder so übereinanderzulegen, als wäre es nur ein einziges Bild, dann erkennt man sofort die Unterschiede, kann sie schnell markieren und hat wieder mal gegen die kleine Schwester gewonnen – wenn man, so wie wir zu Hause, um die Wette rätselt. Wer schielen kann, ist klar im Vorteil.

4 Möhren sind gut für die Augen

Stimmt nicht ganz.

Ich weiß, es gibt diese großartige Erklärung: «Warum sorgen Möhren für gute Augen? Schon mal ein Kaninchen mit Brille gesehen?» Aber diese Erklärung ist, schwer zu glauben, nur ein Witz. Ein schlechter noch dazu.

Einerseits: Karotten, Wurzeln, Möhren, wie auch immer man sie nennt, enthalten Betakarotin, und das wandelt der Körper in Vitamin A um. Aus Vitamin A (auch «Retinol» genannt) entsteht «Retinal», das wiederum wichtig für die Netzhaut («Retina») im Auge ist. Betakarotinmangel kann zu Vitamin-A-Mangel führen, und der zu Nachtblindheit. Das heißt, man kann nachts noch weniger sehen als sonst. Auf alle anderen Augenkrankheiten sowie die Sehschärfe hat der Verzehr von Möhren ohnehin keine Auswirkung, nur auf das Unterscheiden von Hell und Dunkel.

Andererseits: Der Tagesbedarf an Vitamin A wird auf 2 bis 4 Milligramm geschätzt. Eine Möhre pro Tag deckt diesen Bedarf, und die Leber ist in der Lage, Vitamin A für ein ganzes Jahr zu speichern. Also: Vitamin-A-Mangel ist praktisch ausgeschlossen, wenn man sich einigermaßen normal ernährt. Deshalb gilt: Möhren schaden der Sehkraft nicht, nützen aber auch nichts. Man kann sich also nicht die Brille wegfuttern.

Zu viel Vitamin A jedoch kann gefährlich werden, aber auch das ist hierzulande unwahrscheinlich. Es sind allerdings Fälle von Eskimos bekannt, die nach dem Verzehr von zu viel Eisbärenleber Vergiftungserscheinungen wie Erbrechen, Durchfall, Schleimhautblutungen und Knochenbrüchigkeit zeigten. Aber ich muss sagen: Als ich noch ein Kind war, gab's bei uns nur ganz, ganz selten, eigentlich nie Eisbärenleber. Und das ist dann ungefährlich – solange die Beilage nicht auch noch Karotten sind.

Das Gerücht, dass Möhren gut für die Augen sind, haben angeblich die Briten im Zweiten Weltkrieg aufgebracht: Sie sollen ein raffiniertes Radarsystem entwickelt haben, mit dem sie erfolgreich deutsche Bomber abschossen. Um das geheim zu halten, behaupteten sie, ihre Kampfpiloten äßen Riesenmengen Möhren. Übrigens begann auch die britische Bevölkerung, an dieses Märchen zu glauben, und aß reichlich Karotten, um während der Verdunkelungen (wenn die deutschen Bomber angriffen) besser sehen zu können.

Also: Gesteigerter Möhrenverzehr, da ist man heute sicher, sorgt nicht dafür, dass man auf einmal keine Brille mehr braucht. Stattdessen regen Karotten die Verdauung an, wirken wurmabtötend, schützen (aber nicht so stark wie eine Sonnencreme) vor UV-Strahlen und – das Beste – tönen die Haut schön orange.

5 Im Auto nicht lesen, sonst wird einem schlecht

Stimmt nicht ganz.

Gilt übrigens auch für Videospiele spielen und kann bei jeder Form von Reise auftreten: am häufigsten im Auto und bei Schiffsfahrten, aber auch im Flugzeug und recht selten sogar in der Bahn. Die «Reisekrankheit» wird zu Wasser auch «Seekrankheit» genannt, der wissenschaftliche Begriff ist «Kinetose». Bei manchen Menschen ist die Kinetose so schlimm, dass sie kotzen müssen. Andere Menschen dagegen merken überhaupt nichts davon.

Der Körper spürt mit Hilfe des Gleichgewichtssinnes, der sich im Innenohr befindet, dass er sich bewegt. Wenn man nun im Auto liest, dann passt das, was die Augen ans Gehirn senden, nicht dazu: Sie nehmen keine Bewegung wahr, denn das Buch hält man ja still. Diese beiden widersprüchlichen Reize bringen den Körper durcheinander. Man empfindet ein Schwindelgefühl, das oft mit Übelkeit einhergeht. Das gilt vor allem bei ungleichmäßigen Bewegungen, also zum Beispiel Kurven oder hohen Wellen bei einer Schifffahrt.

Das Gleiche passiert auch auf der Schaukel, im Karussell oder in der Achterbahn, aber da ist das wilde Auf und Ab im Bauch gewollt.

Für alle, die sehr unter Reisekrankheit leiden, gibt es hier ein paar wertvolle Tipps, um die Sache nicht noch schlimmer zu machen:
- Vor der Fahrt wenig essen, aber ausreichend trinken (allerdings keine Milch und keine Fruchtsäfte).
- Im Auto den Kopf nicht an die Kopfstütze lehnen, sonst werden die Vibrationen direkt an die Gleichgewichtsorgane im Ohr übertragen.

- Entspannt Richtung Horizont in die Ferne schauen (nicht die Bäume am Straßenrand fixieren), so decken sich die gesehene und die gefühlte Bewegung am ehesten.
- Im Bus ist der beste Platz vorn, kurz vor der Vorderachse.
- Bester Platz im Flugzeug: knapp hinter den Tragflächen. Hier treten die geringsten Vibrationen auf.
- Vom Schiff aus nicht ins Wasser, sondern in die Ferne schauen.
- Es gibt auch Medikamente gegen See-/Reisekrankheit, Tabletten oder Kaugummis. Arzt oder Apotheker fragen!

Nur etwa 15 Prozent aller Menschen sind völlig unempfindlich gegen die Reisekrankheit. Kinder sind besonders anfällig, mit 14 oder 15 verschwindet das Problem aber oft von allein, denn dann hat der Körper gelernt, was passiert und dass ihm keine Gefahr droht.

6 Vor dem Schlafengehen nichts Aufregendes mehr im Fernsehen schauen, sonst schläft man schlecht

Stimmt nicht ganz.

Albträume sind furchtbar. In der Kindheit, vor allem zwischen 6 und 10 Jahren, kommen sie häufig vor, ermittelte eine Studie des Zentralinstituts für Seelische Gesundheit in Mannheim. Albträume treten meist in der zweiten Nachthälfte und nie im Tiefschlaf auf.

Neben Albträumen, an die man sich häufig erinnern kann, gibt es auch noch den Nachtschreck: Dieses Phänomen tritt oft im ersten Drittel der Nacht auf – nach kurzem Schlaf wacht man – vor allem als Kind – plötzlich auf, weint, schreit und sitzt mit weitaufgerissenen Augen im Bett. Nach fünf bis zehn Minuten ist der Spuk jedoch meist vorbei, man schläft wieder ein und kann sich am nächsten Morgen nicht einmal mehr an den nächtlichen Schrecken erinnern.

In solchen Fällen vermuten Eltern, ein gruseliger oder spannender Film, der kurz vor dem Schlafengehen noch gesehen wurde, könnte Ursache für den Nachtschreck gewesen sein. Doch wissenschaftlich gibt es dafür keine Beweise. Eine Studie an der Universität Mannheim belegte sogar, dass der TV-Konsum nicht für gute oder schlechte Träume sorgt und auch die Heftigkeit von Träumen nicht beeinflusst – und erstaunlicherweise auch, dass ausgerechnet Horrorfilmfans die positivsten Träume haben.

Die Studie ergab aber auch, dass Einzelheiten aus Filmen, die uns besonders berühren, häufiger auch in Träumen auftauchen. Die Erfahrung, schon einmal Filmdetails in einem eigenen Traum verarbeitet zu haben, zusammen mit einer zeitlichen Nähe zwischen Spätfilm und Nachtschreck ist wahrscheinlich die Ursache für diese Elternregel.

Sigmund Freud, der Begründer der Psychoanalyse, vermutete, dass wir im Traum unsere Wünsche und Ängste verarbeiten. Das kann man bis heute nicht beweisen – aber auch nicht widerlegen. Und sicher ist es auch von Mensch zu Mensch verschieden, auf jeden Fall scheint es eine genetische (erbliche) Veranlagung für Albträume zu geben.

Daher gilt letzten Endes: Man muss es ausprobieren. Entweder man hat keine Schlafprobleme nach einem aufregenden Film, prima. Oder, wenn doch, dann nimmt man den nächsten Film auf und schaut ihn an einem anderen Tag. Und nicht direkt vor dem Schlafengehen. Versteht sich von selbst.

7 Fernsehen macht dumm

Stimmt nicht ganz.
  Wie? Was? Ach so, *zu viel* Fernsehen ... Okay, okay, da ist etwas dran. Das Kriminologische Forschungsinstitut Niedersachsen beispielsweise befragte 23 000 Kinder und Jugendliche zwischen 10 und 15 Jahren. Ergebnis: Je mehr Zeit sie vor dem Fernseher oder der Spielkonsole verbrachten, desto schlechter waren ihre Noten.
  Für diese Regel spricht auch, dass nur jedes dritte Mädchen, aber schon jeder zweite Junge einen eigenen Fernseher im Zimmer hat – und Mädchen haben im Durchschnitt bessere Noten und besuchen öfter das Gymnasium. (Bei den Spielekonsolen ist es noch krasser, nur 16 Prozent der Mädchen haben eine, aber 40 Prozent der Jungen.)
  Es besuchen auch überproportional mehr deutsche Kinder das Gymnasium als ausländische. Und wirklich: Man stellte fest, dass 51 Prozent aller Migrantenkinder – deren Eltern nach Deutschland eingewandert sind – einen eigenen Fernseher haben, aber nur 32 Prozent der deutschen Kinder. Hinzu kommt, dass Kinder mit einem eigenen Fernseher oder einer eigenen Spielekonsole häufiger verbotene Sendungen sehen oder Spiele mit hohem Gewaltanteil einlegen, was die Lernfähigkeit zusätzlich senkt.
  Und: Kinder, die auf Hauptschulen gehen, sitzen im Schnitt doppelt so lange vor dem Bildschirm wie Gymnasiasten.
  Im Durchschnitt knapp dreieinhalb Stunden täglich sieht jeder Deutsche inzwischen fern, es ist die wichtigste Freizeitbeschäftigung. Das sind knapp zwei Monate TV nonstop pro Jahr. Nicht schlecht. Aber der Witz ist: Nicht die Kinder sind die ausdauerndsten Fernsehgucker, sondern die Rentner. Der Tageskonsum steigt von gut 1,5 Stunden pro Tag bei den Drei- bis Dreizehnjährigen

auf knapp 4,5 Minuten bei über 50-Jährigen, ostdeutsche Frauen über 65 kommen gar auf satte fünf Stunden! Um das zu schaffen, muss man dann aber auch alles gucken, was gerade kommt. Sogar bei eindeutigen Jugendsendungen wie «Bravo TV» sind über die Hälfte der Zuschauer älter als 50. «Wissen macht Ah!» hingegen ist bewusst gute Unterhaltung für die ganze Familie – und hinterher kann man sich gemeinsam darüber auslassen, was man alles nicht verstanden hat.

Christian Pfeiffer, Chef des Kriminologischen Forschungsinstituts Niedersachsen, sagt: «Ein Übermaß an Medienkonsum macht dick, dumm, krank und traurig.» Eine Studie ergab jedoch, dass amerikanische Highschool-Absolventen bessere Noten haben, wenn sie in der Kindheit häufig die «Sesamstraße» sahen. Und deutsche Kinder, das nur nebenbei, sehen im internationalen Vergleich sogar recht wenig fern. Rund 94 Minuten sind es hierzulande, der europäische Durchschnitt liegt bei 152 Minuten, und ein Blick nach Südkorea entkräftet den Zusammenhang zwischen TV-Konsum und schulischer Leistung endgültig. Südkorea lag beim Pisa-Test weit vorn, aber die meisten Kinder dort besitzen einen eigenen Fernseher, den sie im Durchschnitt 148 Minuten am Tag nutzen, und sie haben auch noch die meisten Spielekonsolen weltweit.

Recht unklar ist bisher auch noch: Werden Kinder wirklich vom vielen Fernsehen dümmer – oder schauen kluge Kinder einfach nur weniger Fernsehen?

Sicher ist, dass Kinder und Jugendliche den Umgang mit neueren Medien – das sind neben Fernseher und Videospielen vor allem Computer, Internet und Handys – lernen müssen. Da jungen Menschen das Lernen in der Regel leichter fällt als älteren Menschen, haben die meisten Eltern von den neuesten technischen Errungenschaften viel weniger Ahnung als ihre Kinder. Diesen Wissensvorsprung der Kinder versuchen viele Eltern durch Verbote auszugleichen. «Ich verbiete dir, mit diesem Computer zu spielen. Teufelszeug!» Da Verbote jedoch in den meisten Fällen die Beschäftigung mit dem Computer, dem Fernseher oder was auch immer nur noch interessanter machen, bringen sie eigentlich nichts.

Wenn Eltern diesen Satz – Teufelszeug und so – regelmäßig sagen, kann man ihnen ja das nächste Mal vorschlagen, gemeinsam etwas im Fernsehen zu gucken oder zusammen ein Computerspiel zu spielen. Das schafft Verständnis. Und Verständnis ist ungeheuer wichtig in der gemeinen Eltern-Kind-Beziehung.

Hilfreich ist natürlich auch, zu wissen, was Forscher so empfehlen, wie viel Zeit man vor einem Bildschirm verbringen sollte – egal, welcher Art. Das ist eine gute Verhandlungsgrundlage:

- Babys: gar nicht.
- Kinder zwischen 4 und 6 Jahren: höchstens 30 Minuten täglich.
- Von 7 bis 11 Jahren: nicht mehr als 60 Minuten Fernsehen pro Tag und einen fernsehfreien Tag in der Woche.
- Für Menschen ab zwölf: 90 Minuten pro Tag gelten als Maximum.
- Und wenn das alles nicht hilft, zum Schluss noch ein Satz, den mir Peter Lustig von der Sendung «Löwenzahn» bei einem Interview mal sagte: «Fernsehen macht dumme Menschen dümmer und schlaue Menschen schlauer.»

8 Kaugummis verschlucken verklebt den Magen

Stimmt nicht.

Manche Eltern sagen auch: «Wenn du den runterschluckst, bleibt er sieben Jahre im Magen.» Auch das ist falsch. Einen Kaugummi zu verschlucken, ist absolut unbedenklich. Kaugummis bestehen aus Kaugummibase (dafür gibt es über 200 Rezepte), Zucker oder Süßstoff, Mais-Sirup, Aromastoffen und Zusätzen, welche die Kaumasse geschmeidig machen. Sie sind zwar unverdaulich, aber Nichtverdauliches in kleinen Mengen verlässt den Magen durch den Darm und landet ganz einfach im Klo.

Basisstoffe von Kaugummis können beispielsweise Mastix-Harz oder das «Chicle» des Breiapfelbaumes (ein milchig-weißer Saft) sein. Die sind klebrig. Deshalb sind auch Kaugummis klebrig. Das hilft ihnen aber nicht bei den Schleimhautwänden von Magen und Darm: Die sind für Kaugummis zu feucht – pro Tag sondern sie etwa sieben Liter Verdauungssäfte ab. Deshalb bleiben Kaugummis dort nicht kleben. Jeder kann selbst ausprobieren, dass Kaugummis nicht auf feuchten Flächen haften: Fingerspitzen von Daumen und Zeigefinger anlecken, Kaugummi aus dem Mund nehmen – klebt nicht.

In den USA, dem Mutterland des «Bubble-Gum», haben zähe Kaugummiklumpen bei einigen Kindern zwar zu Darmverschlüssen geführt. Dabei verklebt der Darm aber nicht, sondern verstopft. Es klemmt dann ein dicker, fetter Kaugummiklumpen mittendrin und rutscht nicht weiter. Das kann jedoch nur passieren, «wenn jemand ganz bewusst und regelmäßig größere Mengen Kaugummi herunterschluckt», sagt Dr. Karen Becker, die Oberärztin am Institut für Allgemeine Pathologie und Pathologische Anatomie der Technischen Universität München. «Nur wer

ganze Kaugummipäckchen auf einmal heruntergewürgt», schätzt Professor Stephan Bischoff, Magenspezialist an der Medizinischen Hochschule Hannover, «kann Probleme bekommen.»

Den ältesten Kaugummi fand man übrigens in einer 9000 Jahre alten Siedlung in Südschweden. Er bestand aus Birkenharz und Honig. Und die bekannten «Wrigley's», die erst von den amerikanischen Soldaten auch bei uns eingeführt wurden, waren eigentlich ein Werbegag: William Wrigley Jr. verkaufte Backpulver und schenkte jedem Kunden zwei Päckchen Kaugummi. Bald bekam er mit, dass die Kaugummis beliebter waren als das Backtriebmittel, und 1893 produzierte Wrigley selbst Kaugummis.

Wrigley's waren sicher auch im Mix von Susan Montgomery Williams aus Fresno (Kalifornien) enthalten: Mit drei handelsüblichen Kaugummis blies sie eine Blase von 58,4 cm Durchmesser.

Also: Nicht schlucken, sondern üben! Wenn's dann *peng* macht, lernt ihr – wie ich – die einzig wahre Kaugummiregel: Wenn die Blase auf die Brille klatscht, wird man blind! Zumindest, bis man das Zeug wieder runtergekratzt hat.

Aber immerhin: Der Intelligenzforscher Siegfried Lehrl von der Universität Erlangen hat herausgefunden, dass das Kauen von Kaugummi die Konzentration fördert. Oli Kahn, der ehemalige Nationaltorhüter, weiß das schon lange. Lehrl sagt, bei einem mittelschweren Lernstoff behalten Kaugummikauer mindestens 30 Prozent mehr Informationen, weil ihr Gehirn besser durchblutet ist.

Im Unterricht Kaugummi zu kauen, ist also, auch wenn die Lehrer es einem immer verbieten wollen, eigentlich sogar wünschenswert.

9 Zu viel Fast Food ist ungesund

Stimmt.

Auch wenn McDonald's, Burger King, Pizza Hut und wie sie alle heißen gern hätten, dass wir etwas anderes glauben.

Natürlich bringt ein Hamburger niemanden um, aber die Menge macht's: Zu oft zu viel zu fettes Essen macht krank. US-Wissenschaftler haben einen direkten Zusammenhang zwischen Fast-Food-Ernährung und Fettsucht nachgewiesen. Sie beobachteten zwei Jahre lang 3000 Probanden. Diejenigen, die mindestens zweimal die Woche im Fast-Food-Restaurant aßen, nahmen 4,5 Kilo mehr zu als die übrigen Testteilnehmer. Das liegt nicht zuletzt an der verhältnismäßig preiswerten Möglichkeit, die Mahlzeit in ein Maxi-Menü zu verwandeln, mit mehr fettigen und stärkehaltigen Pommes und mehr Limonade.

Wenn es sich dabei um Eltern handelt, prägen sie zugleich das Essverhalten ihrer Sprösslinge: Bekommen Dreijährige nur Fast Food, ernähren sie sich auch später hauptsächlich davon, ermittelten Wissenschaftler der französischen Universität Dijon in einer Langzeitstudie von 1982 bis 1999.

Wissenschaftler bezeichnen den Nährwert von Hamburger, Pizza, Currywurst und so weiter als «leere Kalorien», für den Körper ist es etwa dasselbe, als würde man mit Butter bestrichene Zuckerwürfel essen. Rund 1500 Kalorien hat ein Fast-Food-Menü.

Das mag die Laune heben, macht auf Dauer aber krank: Man wird dick, und die Gefahr von Diabetes (Zuckerkrankheit) steigt.

Der Ernährungswissenschaftler Udo Pollmer erklärt, warum wir Hamburger dennoch so lieben: «Weil sie dank ausgeklügeltem psychophysikalischem Design Geschmackserlebnisse bieten. Man erforscht die Geschmacksabläufe im Mund, die Geräuschkulisse, die über die Mundhöhle und den Kieferknochen zum Ohr dringt, den Nachgeschmack, den Verlauf des Speichelflusses. Beim Hamburger saugt das weiche Brötchen den Speichel auf, und die süßsaure Soße, die beim Zerbeißen hervortritt, lockt neuen Speichel. Das ist das Grundprinzip erfolgreichen Geschmacksdesigns: Mehr Speichel erzeugen als verbrauchen. Wenn uns das Wasser im Mund zusammenläuft, müssen wir weiteressen.»

Gleich was anderes zu essen, ist also einfacher, als sich im Burgerladen nicht vollzustopfen. Denn die meisten Fast-Food-Gerichte enthalten eben genau die Mischung aus Fett, Zucker und Salz, die unsere Vorfahren (vor vielen tausend Jahren) so bitter nötig hatten. Zur Zeit der Höhlenmenschen war fettes, saftiges Fleisch eine rare Delikatesse, und auch Zucker gab es nur äußerst selten. Von beidem musste man also so viel wie nur möglich herunterwürgen, wenn die Gelegenheit sich bot. Das ist heute nicht mehr so.

10 Wenn man zu Kaltes trinkt, bekommt man Läuse im Bauch

Stimmt nicht.

Es kribbelt zwar ganz schön, wenn man schnell ein Glas Sprudelwasser herunterstürzt, aber es gibt keine Krankheit, die mit Läusen im Bauch einhergeht. Wenn man zu schnell zu viel kalte Getränke zu sich nimmt oder Eis isst, kann es höchstens mal zu Kopf- oder Bauchschmerzen kommen. Diese Kopfschmerzen nennen die Engländer auch «Gehirnfrost» («brain freeze»), aber in Wirklichkeit fühlt es sich nur so an, als würde das Hirn einfrieren. Es ist, was die Temperatur angeht, nämlich gut geschützt, und die Schmerzen entstehen nur durch die Reizung der beiden Hirnnerven Nervus vagus und Nervus glossopharyngeus, die im Rachenraum sitzen und für den Schluckvorgang zuständig sind. Und ja, das sind Wörter, die auch Eltern schnell einschüchtern können.

Fachleute empfehlen übrigens speziell im Sommer keine eiskalten Getränke. Sie bleiben nicht lange im Magen, denn der Kältereiz bewirkt, dass die Flüssigkeit sehr schnell in den Darm gelangt. Die rasche Entleerung des Mageninhalts in den Darm kann zudem Magen-Darm-Probleme hervorrufen. Außerdem muss unser Organismus die Flüssigkeit erst auf Körpertemperatur erwärmen, damit sie ins Blut gelangen kann. Das ist anstrengend und führt dazu, dass wir noch mehr schwitzen. Dr. Helmut Oberritter von der Deutschen Gesellschaft für Ernährung e. V. erklärt das so: «Kaltes wird erwärmt, dafür muss der Körper Energie bereitstellen – eine schweißtreibende Angelegenheit.»

Warme Getränke haben diese Wirkung nicht. Sie erweitern in Magen und Darm die Blutgefäße. So kann die Flüssigkeit schneller ins Blut aufgenommen werden, Wasserverluste lassen sich leichter ausgleichen. Wenn wir bei Hitze etwas Warmes trinken, kommen wir zwar auch ins Schwitzen, aber nur leicht. Oberritter: «Dabei entsteht an der Hautoberfläche Verdunstungskälte. Sie kühlt den Körper, ohne den Kreislauf zu belasten.»

Man sieht: Es ist gar nicht so einfach, richtig zu trinken. Zwei bis drei Tage ohne Wasser bedeutet übrigens: Tod durch Verdurstung. Aber auch von zu viel Wasser kann man krank werden – vor allem bei alten und schwachen Menschen können ab fünf Litern Wasser an einem Tag die Nieren versagen. Das ist dann eine «Wasservergiftung». In Mexiko brachte man so angeblich die Inkas um. Auch der britische Schauspieler Anthony Andrews musste einmal, nachdem er acht Liter Wasser getrunken hatte, ins Krankenhaus eingeliefert werden. Das Wasser verlässt den Körper ziemlich schnell wieder – wenn man in kurzer Zeit einen Liter trinkt, muss man bereits nach einer halben Stunde ganz dringend pinkeln. Dabei werden auch Salze ausgeschieden – und wenn man zu wenig Salze im Körper hat, machen die Nieren schlapp.

Zum Schluss noch ein paar interessante Fakten: Der tägliche Wasserbedarf eines Erwachsenen liegt bei 1,5 bis 3 Litern, ein zehnjähriges Kind braucht zwischen 2 und 2,4 Liter Wasser. Aber Vorsicht: Würde man seinen Flüssigkeitsbedarf mit Cola, Fruchtsaftgetränken und Limonade decken, statt mit Wasser, käme man auf 1000 Extra-Kalorien täglich. Und der Zucker in den Getränken macht auch noch hungrig! Gesund (und gerade im Sommer sehr gut gegen Durst) sind übrigens Gemüsesäfte und Früchtetees.

Aber nochmal zurück zu den Läusen im Bauch. Da kann man ganz sicher sein. Sogar wenn es kribbelt, weil man sehr schnell ein Glas Sprudelwasser heruntergestürzt hat – keine Läuse!

11 Mit vollem Magen darf man nicht schwimmen gehen

Stimmt nicht ganz.

Es ist doch so: Schwimmen ist super, und Picknicken im Freibad oder am Badesee auch. Am besten wäre es also, man schwimmt eine Runde, haut sich dann ein paar Brote rein und schwimmt weiter. Da aber warnen Eltern: «Mit vollem Bauch darf man nicht schwimmen gehen!»

Bloß: warum eigentlich nicht?

Ist das Essen im Bauch etwa so schwer, dass man sinkt, als hätte man Steine im Magen?

Nein.

Oder drückt das Wasser den Magen so dermaßen zusammen, dass einem ganz schlecht wird?

Nein, auch nicht.

Was also steckt dann hinter dieser Regel?

Es ist ganz einfach – nach dem Essen ist der Körper viel zu träge, um Höchstleistungen zu vollbringen. Er möchte sich viel lieber erst mal ausruhen und eine Weile vor sich hin verdauen. Das ist nämlich für den Körper auch anstrengend – genau wie Schwimmen –, auch wenn man das nicht so mitkriegt.

Wenn man das Essen hinunterschluckt, wandert es durch die Speiseröhre in den Magen. Von dort aus meldet ein Nerv namens Parasympathikus dem Gehirn, dass neues Essen angekommen ist und jetzt bitte schön verdaut werden soll. Dafür braucht der Magen eine Menge Blut und Energie. Die Blutmenge im Bauchraum steigt nach dem Essen auf das Doppelte. Und wenn viel Blut im Magen ist, dann gibt es an anderen Stellen weniger davon, zum Beispiel im Gehirn oder in den Muskeln.

Aber was macht der Körper, wenn Gefahr droht? Wenn ein Bär

kommt und die Picknickreste fressen will? Wenn man unbedingt etwas unternehmen muss – weglaufen zum Beispiel? Dafür ist der Gegenspieler des Parasympathikus zuständig, der Sympathikus. Der kümmert sich darum, dass bei Angst, Aufregung oder Stress sofort die Verdauung unterbrochen wird, damit der Körper bereit ist, zu kämpfen oder zu flüchten. Der Sympathikus schickt das Blut aus dem Bauchraum sofort wieder zurück ins Gehirn und in die Muskeln. Erst wenn die Gefahr vorbei ist, wird weiterverdaut.

Man kann also schon mit vollem Bauch schwimmen gehen, aber es ist ganz schön anstrengend für den Körper und wird deshalb auch nicht so richtig Spaß machen. Und besonders schnell wird man auch nicht gerade sein. (Das Gleiche gilt übrigens auch fürs Fahrradfahren und überhaupt für alles, außer Rumliegen.)

Also nach dem ausgiebigen Picknick am See am besten auf die Luftmatratze legen und den Magen seine Arbeit erledigen lassen.

Viel wichtiger beim Baden sind übrigens die folgenden Regeln, und die stimmen auch wirklich:

- Vorsicht bei unbekannten Gewässern! Die häufigsten Verletzungen entstehen bei Sprüngen in trübe Seen.
- Immer auf die Strömung achten, sie wird sowohl bei Flüssen als auch im Meer oft unterschätzt.
- Langsam abkühlen, bevor man ins Wasser geht oder springt. Wer von der Sonne aufgeheizt ins kalte Wasser hechtet, riskiert den Herztod. (Vor allem dann, wenn man sowieso schon Probleme mit dem Herzen hatte.)
- Lange Strecken niemals alleine schwimmen, sondern immer nur in Begleitung.
- Nicht bei Gewitter schwimmen, denn Wasser leitet Strom besonders gut – auch wenn der Blitz «nur» in einen Baum in der Nähe einschlägt, ist man stark gefährdet.

Das waren die Sicherheitshinweise – und jetzt wieder ab ins Wasser!

12 Dreck reinigt den Magen

Stimmt nicht ganz. (Außer, man ist ein Vogel.)

Tatsächlich gibt es bestimmte Heilerden, deren Verzehr Magenkrankheiten und Mangelerscheinungen ausgleichen können. Vor allem Sodbrennen lässt sich so lindern. Das entdeckten die Griechen schon vor 2000 Jahren: Magenkranke auf der Insel Lemnos hatten weniger Beschwerden, wenn sie etwas Inselerde zu sich nahmen. Heilerde kann man zum Beispiel im Reformhaus kaufen, und sie enthält Aluminium oder Magnesiumverbindungen. Diese Verbindungen saugen überschüssige Magensäure auf wie Löschpapier. Dadurch wird der «Brand» im Magen beendet. Es gibt inzwischen aber auch Arzneien mit denselben Wirkstoffen, und auch die Ballaststoffe aus Vollkornprodukten können helfen.

Wenn Eltern diesen Spruch loslassen, wollen sie aber meist entweder ihren Kindern verkaufen, dass sie irgendwas essen sollen, was dreckig ist – zum Beispiel frischgepflückte Erdbeeren, an denen noch ein paar Krümel Erde oder Sand kleben. Oder sie benutzen diese Weisheit, um sich selbst zu beruhigen, wenn der kleine Bruder gerade den Rest des runtergefallenen Marmeladenbrotes vom Küchenboden aufleckt. Beides schadet wirklich nicht – im Gegenteil. Es macht uns sogar gesünder.

Zu viel Dreck dagegen macht krank. Das beweisen auch Leute, die «Geophagie» haben, eine Sonderform der «Pica»-Krankheit, die nach der Elster benannt wurde, die sich alles in den Schnabel steckt, um daraus ihr Nest zu bauen. Die Elster heißt auf Lateinisch «Pica pica». Pica-Kranke nun essen Ungewöhnliches bis Schädliches: Haare, Seife, abgebrannte Streichholzköpfchen, Holz, Glasscherben. Oder eben – und dann heißt es «Geophagie» – Lehm und Erde. (Das Wort kommt aus dem Griechischen:

«Gê» heißt Erde, und «phagein» bedeutet essen). Man vermutet, dass dem Körper bestimmte Nährstoffe fehlen. Kinder mit Hormonstörungen essen dann vielleicht Gips, um an darin enthaltenes Kalzium zu gelangen. Woher die Kinder wissen, dass Kalzium in Gips ist, weiß man nicht.

Aber zurück zu den Geophagen und dem Dreck: Zu viel Erde zu essen, macht krank, zum Beispiel kann man Bandwürmer bekommen. Das liegt daran, dass sich in der Erde – oder auch auf dem ungewischten Fußboden – alle möglichen Mikroben, Keime und Infektionserreger tummeln. Sie sind so klein, dass man sie mit bloßem Auge nicht sehen kann. (Der «Dreck», den man sieht, ist also weit weniger schlimm als der Dreck, den man nicht sehen kann.)

Andererseits haben Wissenschaftler in England bewiesen, dass Kinder, die in besonders keimfreier Umgebung aufwuchsen, anfälliger sind gegenüber Allergien und Infekten. Denn wenn Babys auf dem Boden oder Rasen umherrobben und auch mal etwas in den Mund stecken, lernt ihr Körper dabei jeden Tag ein bisschen besser, sich gegen Bakterien und Krankheitserreger zur Wehr zu setzen. Und wie wir alle von fürsorglichen Eltern wissen: Übung macht den Meister! (Siehe auch Regel 82.)

Weder so noch so reinigt Dreck den Magen, hat aber eine heilsame Wirkung.

Anders ist es bei Vögeln. Sie haben keine Zähne und müssen sich daher eines Tricks bedienen, um ihre Nahrung zu zerkleinern. Sie picken feine Sandkörner auf und schlucken sie hinunter. Deshalb streut man Papageien, Wellensittichen und anderen Ziervögeln speziellen Vogelsand, auch «Grit» genannt, in den Käfig. Der Vogelmagen knetet das Futter dann kräftig durch und zerreibt es dabei mit Hilfe der Sandkörner. Nur bei Vögeln gilt also wirklich: Dreck reinigt den Magen!

13 Vor dem Schlafengehen nichts Schweres mehr essen, sonst schläft man nicht gut

Stimmt nicht ganz.

Es scheint aber möglich zu sein, sich umzugewöhnen.

Der bekannte Schlafforscher Jürgen Zulley erklärt, dass bestimmte Nahrungsmittel den Schlaf stören, weil sie Blähungen verursachen, schwer im Magen liegen oder wach machende Stoffe enthalten. Dazu gehören seiner Meinung nach Fleisch, Bratkartoffeln, hartgekochte Eier, Kohl, Kraut und alle Arten von Rohkost. Gut zum Einschlafen hingegen sei eine leichte Mahlzeit mit komplexen Kohlehydraten, zum Beispiel Reis, Nudeln, Kartoffeln, Fisch oder Gemüse. Zwischen Abendessen und Bettzeit sollten vier Stunden liegen, empfiehlt er.

Das alte Hausmittel, ein Glas heiße Milch mit Honig, funktioniert übrigens wirklich, bestätigt Zulley, weil in der Milch ein Stoff namens Tryptophan enthalten ist, den der Mensch nicht selbst herstellen kann und der zum Aufbau des schlaffördernden Botenstoffs Serotonin benötigt wird. Der Honig wiederum fördert die Aufnahme des Tryptophans ins Blut.

Nach einer Geburtstagsfeier oder dem Weihnachtsfestmahl hat sicher jeder schon die Erfahrung gemacht, dass man im Bett liegt und das Gefühl hat, im Bauch befände sich eine dicke, schwere, fettige Kugel. Genau so ist es auch, denn Eiweißstoffe bleiben zwei bis drei Stunden im Magen, Fette sogar fünf bis acht Stunden. Und wenn man außerdem noch besonders viel gegessen hat (was ja mal passieren kann), dann hat der Magen natürlich auch besonders viel zu tun – und keine Zeit zum Schlafen.

Es gibt aber auch Ernährungswissenschaftler, die behaupten, das sei alles nur Gewohnheit. Und ich kann das aus eigener Erfahrung bestätigen. Wenn ich mit meinen Eltern nämlich in Spanien im Urlaub war, haben wir mittags – wie die Südländer – eine Siesta gemacht, und abends, wie es dort üblich ist, sehr spät und reichhaltig gegessen. Und nach einem tollen Tag an Strand und Pool habe ich trotz allem sehr, sehr gut geschlafen.

Also: Kommt alles drauf an. Im Zweifelsfall einfach ausprobieren, was funktioniert und was nicht.

14 Nicht auf den Haaren kauen, sonst kann es Haarknäuel im Bauch geben

Stimmt nicht.

Wer eine Katze hat, die gern mal mitten in der Nacht ein Haarknäuel in den Flur würgt, in das man am nächsten Morgen fröhlich reintapst, weiß: Haare sind unverdaulich. Magensäure kann ihnen nichts anhaben.

Kaut man auf den Haaren (die dazu ganz schön lang sein müssen, sonst reichen sie nicht bis zum Mund), so schädigt das sicher die Spitzen, und ein paar einzelne Haare wird man auch mal runterschlucken. Die werden jedoch wieder ausgeschieden. Also: Eklig mag's sein, auf den Haaren zu kauen, gefährlich ist es nicht.

Anders sieht die Sache aus, wenn man regelmäßig größere Mengen Haare verzehrt, zum Beispiel auf Brot. Ein ungewöhnlicher und leider auch überhaupt nicht empfehlenswerter Snack.

Aber es gibt eine Krankheit, bei der Menschen Haare wirklich hinunterschlucken, sie heißt Trichophagie und ist gefährlich. Im Magen können diese Haare dann tatsächlich verfilzen und sogenannte «Trichobezoare» bilden: Haarknäuel. Sie können den ganzen Magen ausfüllen, bis zu 1,5 Kilo schwer werden, und sie müssen operativ entfernt werden, sonst kann es zum Tode durch den Verschluss des Verdauungstraktes kommen. Wenn die verworrenen Haare bis in den Darm reinhängen, spricht man von einem «Rapunzel-Syndrom».

Trichophagie tritt vor allem bei weiblichen Teenagern auf, meist verbunden mit Trichotillomanie, dem zwanghaften Ausreißen von Haaren. Beide Begriffe kommen aus dem Griechischen: «Thrix» heißt Haar, «tillein» bedeutet rupfen, «mania» ist die Raserei, und «phagein» heißt essen. Etwa ein Prozent aller Jugendlichen entwickelt Trichotillomanie, davon wiederum schlingen fünf bis zwanzig Prozent die ausgerissenen Haare hinunter.

Bei all den Zahlen nicht vergessen: Wer sich die Haare ausreißt oder sie isst, hat ein Anrecht auf Hilfe! Wer nicht die Eltern fragen will, wendet sich an seinen Arzt, Hausarzt oder Vertrauenslehrer.

Zur Sicherheit sei jedoch noch einmal betont: Wer bei den Hausaufgaben bloß auf den Haarenden herumkaut, ohne zu schlucken, ist nicht in Gefahr.

Und für alle, die lange Haare haben und gerne Kaugummis kauen, hier noch ein Tipp, wie man beides gleichzeitig effektvoll einsetzen kann: Ein einzelnes langes Haar aus dem Stirnbereich – es sollte noch in der Kopfhaut stecken – im Mund mit einem Kaugummi zusammenkauen. Wenn der Kaugummi dann am Haar hängt, kann man ihn ausspucken, und er pendelt wie von Geisterhand wieder zurück in den Mund. Das muss man ein paarmal üben. Aber wenn es sitzt, ist einem die Bewunderung aller Anwesenden sicher.

15 Wenn man die Kerne vom Obst mitisst, wächst einem ein Baum auf dem Kopf

Stimmt nicht.

Eine Variante dieser Regel, die ich ganz besonders liebe, lautet: «Wenn man die Kerne von der Wassermelone mitisst, wächst einem eine Melone im Bauch.»

Ich kenne jemanden, der so aussieht, als wäre das passiert!

Aber, um es nochmal ganz klar zu sagen: Keine Gefahr, weder auf dem Kopf noch im Bauch wachsen Bäume.

Professor Dr. Paul Enck von der Klinik für Psychosomatik und Psychotherapien war lange in der Gastroenterologie tätig (da arbeiten Leute, die sich mit Darmkrankheiten beschäftigen) und erklärt: «Ein Obstkern besteht aus Fasern, die zwar nicht säurefest, aber zumindest säureresistent sind, d. h., man müsste sie schon sehr lange in reiner Salzsäure (und das ist die Magensäure) liegen lassen, bevor sie aufgelöst sind. Da sie größer sind als ein paar Millimeter, bleiben sie im Magen liegen, wenn sie zusammen mit verdaubarer Nahrung aufgenommen werden, und zwar so lange, bis der Magen wieder leer ist (bis auf den Kern), dann transportiert die normale Magenmotorik den Kern in den Dünndarm; das mag nach einer oder auch nach zwei Stunden sein.»

Durch den Dünndarm wandert der Kern flott in 30 bis 60 Minuten, im Dickdarm kann er dann bis zu zwei Tagen liegen, bevor er auf normalem Weg ausgeschieden wird.

Professor Enck: «Die ganze Passage dauert ein paar Stunden bis Tage, und das reicht für einen Kern auch unter günstigsten Bedingungen in der Natur nicht, um anzuwachsen. Hinzu kommt das ungünstige Klima insbesondere im Dickdarm: Dort wachsen 100 000 000 000 000 Keime, ca. 600 bis 1000 verschiedene Bakterienstämme, und machen sich über alles her, was der Dünndarm an Nahrungsstoffen übrig gelassen hat – das sind vor allem Ballaststoffe, zu denen man auch die Kerne zählen würde.»

Professor Günter Adam von der Universität Hamburg ergänzt: «Kirschen oder Pflaumen beispielsweise brauchen, bevor sie keimen, eine sogenannte Stratifikation, das ist eine Kältebehandlung. In der Baumschule kommen diese Kerne erst mal bei 4°C eine Weile ins Kühllager, bevor sie ausgesät werden.» So viel Eis kann man gar nicht essen, dass im Bauch diese Temperatur erreicht wird.

Bleibt die Frage, warum man Kindern solche Märchen erzählt. Wahrscheinlich, weil Eltern es früher einfach nicht besser wussten, Darmfunktionen werden erst seit etwa 20 Jahren systematisch erforscht.

Zum Vergnügen sollte man sich Kerne allerdings auch nicht einwerfen. Die Diplom-Ökotrophologin (Ernährungswissenschaftlerin) Anne Weingard von der Deutschen Akademie für Ernährungsmedizin e. V. in Freiburg warnt: «Alle Kerne, auch kleine wie die von Äpfeln oder Birnen, enthalten geringe Mengen des Gifts Blausäure.» Und zu viel Gift im Körper ist nie gut.

16 Von zu viel Cola bekommt man schwarze Füße

Stimmt nicht ganz.

Jedenfalls verfärben sich nach einem Schluck Cola die Füße nicht! Das Einzige, das sich durch Cola eventuell verfärbt, ist Muttis weiße Lieblingstischdecke mit den Brüsseler Spitzen – wenn das Glas umkippt.

Was also ist dran an der Regel? Es ist vielleicht nur Zufall, aber tatsächlich kann man von zu viel Cola – oder anderer zuckerhaltiger Limonade – am Ende doch noch schwarze Füße kriegen. Und das kommt so:

In Cola und anderen Limonaden, manchmal auch in diesen schicken aromatisierten Wassersorten, ist viel Zucker. Deshalb schmecken sie so süß. In einem kleinen Glas Cola (0,2 l) zum Beispiel sind schon über 20 Gramm Zucker, das entspricht etwa zwei Esslöffeln voll. Zwei 1-Liter-Flaschen Sprite enthalten mehr Zucker, als man am ganzen Tag überhaupt essen soll!

«Na und», könnte man sich jetzt denken, «Zähne putzen nach dem Trinken, damit sie mir nicht ausfallen, und dann ist alles gut.» Tja, leider ist es das nicht.

Denn zu viel Zucker macht es sehr wahrscheinlich, dass man «zuckerkrank» wird. Klingt logisch, oder? Zu viel Zucker = zuckerkrank! Und ich muss es in aller Deutlichkeit sagen: Zuckerkrank sein ist scheiße. (Ja, ja, ich weiß: Scheiße sagt man nicht. Ich darf auf Regel 100 verweisen?) Wenn man zuckerkrank ist, muss man ganz genau aufpassen, was man wann isst. Und man bekommt viele Spritzen mit einem Stoff, der «Insulin» heißt. Der ist dafür zuständig, wie viel Zucker man im Blut hat. Denn das Komische ist: Im Blut darf nicht zu wenig, aber auch nicht zu viel Blutzucker herumschwimmen.

Daran hat man übrigens früher die Zuckerkrankheit erkannt: Die Ärzte haben den Urin ihrer Patienten gekostet. Heute müssen sie nicht mehr am Pipi nippen, sondern benutzen Teststreifen.

Wenn man nun zu viel Cola trinkt und zu viele Schokoriegel isst, dazu noch Pommes, Weißbrot und weißen Reis, und sich dann noch weniger bewegt, dann wird man dick. Und wenn man dick wird, kriegt man, mit ein bisschen Pech, auf die Dauer Diabetes – auch Zuckerkrankheit genannt.

Es gibt mehrere Arten Diabetes. «Typ 1» tritt plötzlich auf und ist eine Art Allergie. «Typ 2» hieß früher «Alterszucker», weil vor allem Senioren betroffen waren: Die Bauchspeicheldrüse, die das Insulin produziert, ist vom vielen Arbeiten ganz erschöpft und funktioniert nicht mehr so, wie sie soll. Immer häufiger aber tritt diese Krankheit auch bei jüngeren Menschen auf – schon fast die Hälfte aller Neuerkrankten sind Kinder!

Und was hat das alles nun mit schwarzen Füßen zu tun?

Manchmal sieht man ältere Herrschaften mit Krücken oder im Rollstuhl, denen ein Unterschenkel fehlt. Der Grund dafür ist oft Diabetes. Zwei von drei Beinamputationen werden bei Zuckerkranken vorgenommen. Meist entsteht zuvor ein Geschwür am Fuß – und Beine oder Füße zeigen rote, blaue oder schwarze Verfärbungen.

Und da haben wir's! Von zu viel Zucker kann man tatsächlich schwarze Füße kriegen. Und kurz danach müssen sie amputiert werden.

Also, nur noch Light-Getränke nehmen? Auch das ist nicht die Lösung, denn niemand weiß so genau, wie gut (oder schlecht) diese ganzen künstlichen Süßstoffe auf die Dauer für den Körper sind. So wie manche Eltern sagen: «Von zu viel Cola kriegt man schwarze Füße», weil sie sich denken: Zu viel davon kann gar nicht gesund sein. So muss man auch denken: Zu viel Chemikalien in Softdrinks sind wahrscheinlich auch nicht gesund. Außerdem macht der süße Geschmack den Körper hungrig, sodass man anschließend mehr isst als nötig (und das führt zu Übergewicht, möglicherweise Diabetes, und dann am Ende also auch wieder zu faulig schwarzen Füßen).

Also: Viel Wasser trinken, mal Saftschorle, ab und zu auch mal Cola oder Limo-Light. Die Hauptsache aber ist: immer schön in Bewegung bleiben, nicht nur bei der Getränkeauswahl.

17 Immer die Schuhe zubinden, sonst stolpert man

Stimmt nicht ganz.

Es gibt nicht viele Gemeinsamkeiten zwischen meinem ehemaligen Geschichtslehrer und mir, aber an eine erinnere ich mich genau: Pater Herold hat sich nie die Schuhe zugebunden. So wie ich. Bei ihm lag es an seiner Leibesfülle (schönes Wort), bei mir eher an meiner Faulheit.

Und auch wenn ich heute immer noch mit offenen Schuhen herumrenne und mich deshalb nie langlege, kann diese Regel trotzdem ihre Berechtigung haben. Im Sport gilt eindeutig: «Natürlich werden die Schuhe beim Spiel und Training immer zugebunden. Sonst wäre ja das Verletzungsrisiko viel zu hoch», so Christoph Büker, Pressesprecher des Deutschen Basketball Bundes.

Die Chance, dass es einen Basketballer flachlegt, weil die Schnürsenkel nicht zu sind, ist natürlich ein bisschen größer als normal. Aber das Prinzip bleibt gleich.

Das sieht auch Wolfgang Jamelle, Schiedsrichterwart des Westdeutschen Handball Verbandes, so: «Im Regelwerk des Handballs steht: ‹Die Spieler müssen Sportschuhe tragen. Das Tragen von Gegenständen, die die Spieler gefährden könnten, ist nicht erlaubt.› Da ein nicht zugebundener Sportschuh während des Spiels verlorengehen kann und somit nicht nur den Träger des Schuhs, sondern auch andere Spieler gefährden kann, müssen die Schuhe zugebunden werden. Ein Schiedsrichter ist gehalten, bei Erkennen von offenen Schuhbändern unter dem Aspekt der möglichen Gefährdung den betreffenden Spieler zur sofortigen Behebung des Mangels aufzufordern. Im täglichen Leben ist ein nicht zugebundener Schuh sicher anders zu bewerten, obwohl auch hier das Umknicken zu Verletzungen führen kann. Plötzliche Richtungswechsel wie beim Sport sind allerdings beim normalen Gehen eher selten. Aber offene Schuhbänder können beim Rad- oder Rolltreppenfahren zu gefährlichen Situationen führen, wenn sich die Bänder in einer Fahrradkette oder im Rolltreppenlaufwerk verfangen.»

Also: Schuhe zu. Sonst läuft man ganz schnell nicht nur ohne Schleife, sondern auch ohne Schneidezähne rum.

Hinzu kommen gesundheitliche Probleme, so der Hamburger Kinderarzt Dr. Hans-Ulrich Neumann: «Mit zugebundenen Schuhen müssen die Zehen nicht gekrallt werden, um den Schuh festzuhalten. Einige Orthopäden berichten von Fuß- bzw. Zehenfehlstellungen durch das Krallen.»

18 Kinder müssen vor Einbruch der Dunkelheit zu Hause sein

Stimmt nicht.

Diese Regel stammt aus einer Zeit, in der noch kaum jemand Uhren trug. Und irgendwie musste man sich ja verabreden. Michael Schnabel, wissenschaftlicher Angestellter am Staatsinstitut für Frühpädagogik in München, erklärt: «Der Einbruch der Dunkelheit war ein deutliches Signal für Kinder, wieder nach Hause zu gehen. Aus meiner Kindheit weiß ich das noch sehr genau – ich bin auf dem Land in einem kleinen Dorf aufgewachsen –, sobald es dunkel wurde, hatten alle Kinder – ob groß oder klein – möglichst umgehend den Nachhauseweg anzutreten.»

Die Dunkelheit ist ein sehr deutliches Zeichen, und man kann sich nicht herausreden. Außerdem verbinden wir mit der Dunkelheit auch heute noch Gefahren: In der Dunkelheit sind die Räuber und Einbrecher unterwegs, in der Dunkelheit geschieht das Böse, die Dunkelheit ist unheimlich, die Dunkelheit ist gefährlich.

Schnabel fügt hinzu: «Die Dunkelheit ist auch aus der Sicht von Ritualen ein markanter Übergang vom Tag zur Nacht. Daher setzte bei der Dunkelheit in den Familien auf dem Land auch ein anderes Leben ein. Während des Tages war man mit Arbeiten beschäftigt, am Abend folgte der Feierabend, bei dem die Familie zusammensaß, spielte, diskutierte und erzählte. Auf dem Land wurde und wird dieser Zeitpunkt immer noch mit dem Gebetläuten herausgehoben.»

Früher mussten junge Menschen allerdings auch noch selbst zusehen, wie sie von ihren Freunden nach Hause kamen. Heute rufen sie meist Mama auf dem Handy an und lassen sich abholen. Dadurch verliert eine solche Regel natürlich an Bedeutung. Schnabel: «Früher war vor allem auf dem Land die Welt noch übersichtlich und nicht so gefährlich, die Erwachsenen ließen viel Freiheit zu, so streunten die Kinder meist durch das Dorf, auf den Wiesen und in den Wäldern herum. Beim Einbruch der Dunkelheit war diesem Vagabundieren ein Ende gesetzt.»

Heute gibt es solche ebenso einfachen wie strengen Regelungen nicht mehr, jede Familie muss ihre eigenen Wege gehen. Das kann Vorteile haben, führt aber immer wieder zu Diskussionen unter dem Motto: «Aber alle anderen dürfen auch ...»

Übrigens: Als ich mal in Tokio war, habe ich gesehen, dass dort in den Wohngebieten Lautsprecher an den Laternenmasten angebracht sind. Die hängen da, weil es in Japan Erdbeben geben kann und dann die Menschen per Durchsage informiert werden, was sie tun (oder lassen) sollen.

Wo die Lautsprecher aber nun schon da sind, werden sie auch gleich benutzt, um jeden Abend alle Kinder nach Hause zu schicken. Es wird eine Melodie gespielt, und eine Stimme sagt: «Alle Kinder gehen jetzt bitte nach Hause.» Auf Japanisch natürlich.

Das spart den Eltern Arbeit, und zugleich wird die Funktionstüchtigkeit der Lautsprecher getestet.

19 Nicht rennen, wenn man ein Messer oder eine Schere in der Hand hält

Stimmt.

Es gibt zwar keine gesicherten Zahlen, aber es ist ja logisch: Wenn man rennt, stolpert man leichter, als wenn man geht. Und vor allem: Man stürzt schneller!

Und wenn man mit einem Messer oder einer Schere in der Hand herumrennt und stürzt, verletzt man sich leichter (und erstaunlicherweise auch schwerer), als wenn man nicht gerannt und nicht gestolpert wäre oder keine scharfen Sachen in Händen gehalten hätte.

Dr. Susanne Woelk, Geschäftsführerin der Aktion «Das sichere Haus», erklärt: «Es ist keine ‹Alltagslegende›, dass Kinder sich schneiden oder stechen können, wenn sie mit einem Messer oder einer Schere in der Hand rennen. Besser ist es, diese Geräte gehend und mit nach unten gerichteter Spitze von A nach B zu transportieren. Übrigens sollten auch Erwachsene das so machen – sie können genauso stolpern, in jemanden hineinrennen oder einen Sturz bauen.»

Inke Ruhe, Projektleiterin der Bundesarbeitsgemeinschaft (BAG) Mehr Sicherheit für Kinder e. V., ergänzt noch: «Übrigens sollten Kinder auch nicht mit einem Lolli oder der Zahnbürste im Mund herumlaufen!»

Und auch nicht im Gehen aus einer Flasche oder einem Glas trinken. Das kann ebenfalls zu sehr unschönen Verletzungen führen.

20 Im Schwimmbad nicht rennen

Stimmt.

Wenn man nicht rutscht, liegt das an der Reibung. Hand auf Gummimatte zum Beispiel – da rutscht nix. Nimmt die Reibung aber ab, weil eine der Oberflächen glatt ist (wie Eis oder eine Rutsche) oder weil sich ein «Schmierstoff» darauf befindet (etwa Öl), dann flutscht's.

Wasser ist ein klasse Schmierstoff, wenn man genug davon hat. Da können die Fliesen im Schwimmbad noch so rau und gerieffelt sein – es reicht nicht. Daher gilt: Nasse Füße + nasser Boden = höchste Rutschgefahr!

Fangenspielen ist die dritthäufigste Unfallursache in öffentlichen Bädern. Der Zusammenprall mit anderen Schwimmbadbenutzern ist die zweithäufigste Unfallursache, und das Aus- und Abrutschen mit nachfolgendem Sturz ist sogar die häufigste.

Aber mal ehrlich: Das liegt ja auch auf der Hand. Ich meine, was sollen im Schwimmbad denn sonst für Unfälle passieren? Oh, Entschuldigung, ich bin Ihnen hinten reingeschwommen? Das passiert eher selten.

Das Rennen verbieten im Übrigen nicht nur die Eltern, sondern schon die Schwimmbadbetreiber. Ebenso wie das Springen von der Einstiegsleiter, vom Beckenrand oder ins Nichtschwimmerbecken. Diese Verbote haben einen Versicherungsgrund: Die Schwimmbadbetreiber müssen ihre Besucher vor Gefahren schützen, die über das normale Risiko eines Schwimmbadbesuches hinausgehen.

Natürlich gibt es auch andere Situationen, in denen Rennen gefährlich und daher verboten ist. Ärzte im Krankenhaus rennen zum Beispiel nicht (außer im Film), weil sie sonst mit Patienten oder Mitarbeitern zusammenstoßen und Unfälle verursachen könnten. Sicher wäre es ganz praktisch, wenn gleich ein Arzt am Unfallort wäre. Aber irgendwie auch sinnlos.

Auch Kellner rennen nie, wenn sie das Tablett voll mit Gläsern oder heißen Speisen haben. Denn wenn alles herunterfällt, kann es zu schweren Verletzungen kommen, und außerdem muss alles nochmal zubereitet werden.

21 Nicht bei Rot über die Straße gehen

Stimmt.

Und ist sehr wichtig. Denn wer will schon überfahren werden. Aber selbst, wenn gerade «keiner kommt», darf man nicht bei Rot über die Straße laufen. Dafür gibt es zwei gute Gründe. Erstens – vielleicht kommt doch einer. Zweitens – Vorbild sein für andere!

Jeder Verkehrsteilnehmer muss sich darauf verlassen können, dass die anderen sich (ebenfalls) an die Regeln halten. Sonst kann es sehr leicht zu Unfällen kommen.

Paragraph 37 der Straßenverkehrsordnung regelt klar: «Rot ordnet an: ‹Halt vor der Kreuzung›», und das gilt nicht nur für Auto- und Motorradfahrer, sondern auch für Fußgänger, Fahrradfahrer, Skateboarder und so weiter. (Außerdem gilt übrigens, ebenfalls für alle Anwesenden: «Keines dieser Zeichen entbindet von der Sorgfaltspflicht», nicht mal Grün. Das heißt auf Deutsch: Auch bei Grün muss man sorgfältig gucken, sonst wird man vielleicht doch von einem unachtsamen Autofahrer umgenietet. Dann steht auf dem Grabstein zwar: «Er hatte Grün», aber was bringt einem das schon.)

Ist eine Ampel in der Nähe, muss man sie benutzen. Man darf nicht zehn Meter weiter einfach so rüberlaufen mit der Begründung, Rot wäre nur bei der Ampel gewesen.

Wird man erwischt, wenn man bei Rot geht, kostet das fünf Euro. Kommt es zu einem Unfall ohne Verletzung, sogar zehn. Wird durch einen Unfall jemand verletzt, dann wird man wegen fahrlässiger Körperverletzung angezeigt. Entsteht ein Sachschaden, muss man diesen bezahlen.

Also: Lohnt sich nicht. Kurz warten ist sicherer.

22 Man muss sich regelmäßig die Nägel schneiden, sonst wachsen sie ein

Stimmt nicht.

Die längsten Fingernägel der Welt hat der Amerikaner Melvin Feizel Boothe. Er hat seine Nägel seit 25 Jahren nicht geschnitten, und die Gesamtlänge beträgt inzwischen satte 9,31 Meter. Mit derartigen Krallen hätte er in der chinesischen Quing-Dynastie, die von 1644 bis 1911 dauerte, richtig gut dagestanden. Die einflussreiche Kaiserwitwe Cixi, die von 1861 an mehrfach regierte, ließ sich besonders lange Fingernägel wachsen, um ihre Macht zu demonstrieren.

Normalerweise brechen zu lange Fingernägel allerdings irgendwann einfach ab oder rollen sich im Extremfall auf. Sie wachsen nur dann ein, wenn sie falsch geschnitten werden – und von einem, dem das passiert ist, stammt natürlich auch diese Möchtegern-Regel. Nägel müssen nämlich gerade geschnitten werden, nicht rund. Das heißt, rechts und links bleibt mehr von dem weißen Halbmond übrig als in der Mitte. Sonst kann der Fingernagel tatsächlich einwachsen und muss dann mit einer Nagelspange oder sogar mit Hilfe einer Operation entfernt werden.

23 Nach dem Klo und vor dem Essen Hände waschen nicht vergessen

Stimmt.

Denn die Hände sind Viren- und Bakterienüberträger Nummer eins. Deshalb sind sich alle Ärzte einig: Mehrmals am Tag Hände waschen ist Pflicht! Ganz besonders gilt das, nachdem man auf dem Klo war und bevor man etwas isst. Schon beim normalen Waschen mit Wasser und Seife können eine Million Keime auf 10 000 bis 1000 reduziert werden. Und je weniger Keime man zu sich nimmt, desto gesünder bleibt man. Sauberkeit lohnt sich also.

Und warum soll man die Hände ausgerechnet nach dem Klo und vor dem Essen waschen? Nur weil sich's reimt? Nein, nein. Weil einem, nachdem man auf der Toilette war, haufenweise Bakterien und Viren an den Fingerchen kleben. Und zwar nicht nur nach dem Besuch eines öffentlichen WCs, sondern auch zu Hause. Denn selbst wenn man noch so viel Klopapier benutzt, kommt man mit Keimen aus dem Stuhl – also dem Haufen, nicht der Sitzgelegenheit – in Berührung.

Bis zu 10 Prozent des Kots können aus Bakterien bestehen. Sie sind so klein, dass sie sich sogar durch das Klopapier hindurchquetschen können, und außerdem erzeugt die Spülung einen feinen Nebel aus Wasser und Exkrementen. (Bekommt noch jemand Appetit?) In jedem Klo kann man daher reichlich Krankheitserreger an der Decke, den Wänden, auf dem Türgriff usw. finden. Und die Erreger aus dem Kot sind richtig gefährlich. Das erkannte man allerdings erst um 1850. Zuvor verrichteten die Menschen ihre Notdurft entweder direkt im Freien oder in einen Nachttopf, dessen Inhalt sie dann aus dem Fenster auf die Straße schütteten. Das stank nicht nur schrecklich, sondern war auch der ideale Nährboden für furchtbare Seuchen, an denen Millionen Menschen starben.

Und wenn man nur gepinkelt hat? Muss man dann auch die Hände waschen? Ja! Denn Urin selbst ist normalerweise steril, an der Luft (also in der Toilette, und auch die winzigen Tröpfchen auf den Fingern) wird er aber zur beliebten Grundlage für die Vermehrung von Bakterien und Viren.

Na gut, aber warum soll man sich die Hände dann auch noch vor dem Essen waschen? Erstens, weil man ja zwischen dem Aufs-Klo-Gehen und dem Essen vielleicht irgendwo draußen gespielt hat. Und zweitens, weil man nie so ganz sicher sein kann, ob die anderen sich alle die Hände gewaschen haben, nachdem sie auf dem Klo waren. (Ist es nicht schön, ein bisschen Misstrauen zwischen den Menschen zu säen? Hehe!) Amerikanische Forscher führten Telefonumfragen durch, und dabei behaupteten 95 Prozent aller Leute, sich immer die Hände zu waschen. Bei Beobachtungen auf amerikanischen Flughäfen stellte sich aber heraus, dass mindestens jeder Dritte sich nach dem Gang auf die Toilette nicht die Hände wäscht (und wie viele es dann erst zu Hause nicht machen, kann man sich ja denken). Männer sind dabei übrigens noch waschfauler als Frauen.

Und zum Abschluss noch ein bisschen Geschichte. Bereits vor 2500 Jahren errichteten die Griechen die ersten Toiletten mit Abwassersystem. Kleine Schwämmchen, die in Salzwasser getaucht wurden, dienten zum Abwischen. Man ging jedoch nicht alleine aufs Klo, sondern in geselliger Runde, und besprach dabei wichtige Angelegenheiten. Daher kommt wahrscheinlich der Ausdruck «ein Geschäft machen» – weil eben tatsächlich Geschäfte gemacht wurden.

Und jetzt wieder schön die Hände waschen und umblättern zur nächsten Regel.

24 Was auf dem Boden liegt, nicht aufheben

Stimmt nicht ganz.

Das hängt sicherlich vom persönlichen hygienischen Standard, der Risikobereitschaft und dem jeweiligen Gegenstand ab. Einen nagelneuen 10-Euro-Schein auf einem Bürgersteig finde ich wesentlich verlockender als eine 1-Cent-Münze, die am Rande eines Waldwegs unter einem Hundehaufen hervorlugt.

(Man sollte auch nicht vergessen, dass manche Menschen glauben, man könne das eigene Pech auf eine Münze übertragen – und dafür nimmt man natürlich die billigste, die man hat –, sie irgendwo liegen lassen, und dann wäre man selbst das Pech samt allen Krankheiten los, und der Finder bekommt sie. Zumindest was die Krankheiten angeht, ist da sicher viel dran.)

Es gibt ein tolles Foto von einem Bekannten von mir, auf dem er rabenschwarz vor Dreck ist, aber begeistert strahlt. Seine Eltern wollten in Spanien im Restaurant in Ruhe zu Ende essen, und er ging derweil auf der Straße spielen – es war eine Kopfsteinpflasterstraße. Mit bloßen Fingern krallte er ungefähr hundert Kronkorken zwischen den Steinen heraus. Er war sehr stolz auf seine Sammlung! (Und krank ist er auch nicht davon geworden.)

Faustregel: Tote Tiere, schlecht gewordenes Essen und Kleingeld liegen lassen. Scheine und Schätze mitnehmen, aber wenn möglich säubern (die Schätze, nicht die Scheine), und definitiv vor dem Essen die Hände waschen.

25 Nicht die Finger in die Steckdose stecken

Stimmt.

Ist aber auch extrem schwierig.

Strom kann fließen oder «stehen», wie Wasser in der Leitung. Dreht man den Wasserhahn auf, fließt das Wasser. Dreht man ihn zu, steht das Wasser einsatzbereit im Rohr.

So ist das auch mit dem Strom. In dem Kabel, das in der Wand zur Steckdose führt, sind drei Leitungen, eine schwarze, eine blaue und eine grün-gelb gestreifte. Nehmen wir nun mal an, es ist eine Lampe eingesteckt und angeschaltet. Dann fließt Strom – wenn alles richtig installiert ist – in dem schwarzen Kabel zur Glühbirne, bringt sie zum Leuchten und fließt dann durch das blaue Kabel wieder zurück. Das grün-gelbe Kabel ist mit den metallenen Klemmen an den Seiten der Steckdose verbunden und heißt Schutzleiter. Es soll Kurzschlüsse verhindern.

Wenn eine Steckdose richtig eingebaut ist, kann nichts passieren, wenn man mit dem Finger die Metallklemmen berührt, und auch nicht, wenn man dummerweise eine Stricknadel oder Büroklammer in das Loch schiebt, an dem das blaue Kabel angeschlossen ist.

Erwischt man aber das Loch mit dem schwarzen Kabel, oder sind die Kabel vertauscht worden (was recht häufig vorkommt), dann kriegt man einen Stromschlag. Das ist wie ein Blitzschlag, der nicht wieder aufhört. Man erleidet schwere Verbrennungen oder stirbt daran.

Die größte Gefahr besteht also nicht darin, dass man die Finger in die Löcher der Steckdose bohrt, in die nicht mal Babyfinger tief genug hineinpassen. Sondern darin, dass Gegenstände hineingesteckt werden – Schlüssel, Stricknadeln, Büroklammern, der

Fantasie sind keine Grenzen gesetzt. Oder dass die Dose falsch installiert wurde und die Metallklemmen Strom führen.

Elektriker empfehlen, wenigstens im Kinderzimmer Kinderschutzdosen zu installieren. Nicht nur die flachen Scheiben, weil dann die Einstecktiefe für den Stecker nicht mehr groß genug ist, sondern Dosen mit integrierter Kindersicherung.

Im gewerblichen Bereich und bei Vermietungen müssen Installationen regelmäßig durch einen Fachmann überprüft werden, dabei werden Fehler erkannt. In Privathäusern ist dies nicht vorgeschrieben.

Das Risiko ist gering, aber wenn's schiefgeht, ist man wahrscheinlich tot. Muss nicht sein. Deshalb: Keine Finger und vor allem auch nichts anderes in die Steckdose stecken.

Noch ein Tipp: Wenn jemand einen Stromschlag erleidet, darf man auf keinen Fall versuchen, ihn mit den bloßen Händen wegzuziehen – denn dann erweitert man den Stromkreis einfach nur um sich selbst und geht auch noch hops. Auf eine Decke stellen und das Opfer mit einem nicht leitenden Gegenstand, zum Beispiel einem Besenstiel oder einem Holzstuhl, von der Stromquelle wegziehen. Oder, geht meist schneller, Hauptsicherung ausschalten. Sofort 112 anrufen, auch wenn kein Blut zu sehen ist.

26 Keine toten Tiere anfassen

Stimmt.

Denn dabei kann man sich mit Tierseuchen anstecken. Das gilt übrigens auch für Kot von Tieren – er ist oft sogar ansteckender als das Tier selbst.

Zu den gefährlichsten Erkrankungen dieser Art gehören Vogelgrippe, Hasenpest, Tollwut, Fleischvergiftung, die Maul- und Klauenseuche und der Fuchsbandwurm (siehe auch Regel 51). An diesen Infektionen kann man sogar sterben.

Ein hochansteckendes Virus wie «H5N1», das Vogelgrippevirus, kann über Kot und Sekrete infizierter Tiere übertragen werden, aber auch Federn und sogar der Staub in Geflügelställen können Viren enthalten. Auch Katzen können die Vogelgrippe bekommen, weltweit ist aber noch keine darauffolgende Infektion eines Menschen durch die Katze bekannt geworden. Das ist also sehr unwahrscheinlich.

So spannend das Innere toter Tiere daher erscheinen mag: Lieber Finger weg!

Diese Gefahren sind auch der Grund dafür, dass man verstorbene Haustiere nicht einfach in der Sandkiste verbuddeln darf. Mehrere Alternativen stehen zur Wahl:

- Tierkörperbeseitigung. Für größere Tiere, zum Beispiel Pferde, ist das vorgeschrieben. In Städten und Landkreisen gibt es Sammelstellen für tote Tiere, oder man gibt sie beim Tierarzt ab, und gegen eine geringe Gebühr werden sie zu Tiermehl oder -fett verarbeitet (und damit Futter für lebende Tiere – lecker).
- Tierfriedhof. Hier bekommen Bello oder Minka ein richtiges kleines Grab samt Erinnerungstafel und Blumen. Für die Beerdigung einer toten Katze samt fünf Jahren Grabpacht zahlt man zwischen 200 und 500 Euro.

- Tierkrematorium. Hier wird das Tier eingeäschert, und wer möchte, kann die Asche mit nach Hause nehmen, um sie zu verstreuen, zu vergraben oder in die Sanduhr zu füllen.
- Und zum Schluss sollte nicht unerwähnt bleiben: Es gibt auch noch die Möglichkeit, den Freund fürs Leben ausstopfen zu lassen. Taxidermie ist der Fachbegriff – und wo wäre jetzt Lumpi, unser Studiohund, ohne diese Kunst der Haltbarmachung von Tierkörpern?

27 Was Hänschen nicht lernt, lernt Hans nimmermehr

Stimmt nicht.

Das Sprichwort soll sagen: Was man als Kind («Hänschen») nicht lernt, kapiert man als Erwachsener («Hans») nicht mehr. Der Gehirn- und Lernforscher Manfred Spitzer erklärt: «Die Gehirnforschung hat klar nachgewiesen, dass Hänschen schneller lernt als Hans. Sie hat jedoch zugleich gezeigt, dass dies keineswegs so zu verstehen ist, dass Hans gar nicht mehr lernen kann und daher in Rente geschickt gehört.»

Richtig ist, dass frühes Lernen die Entwicklung des Gehirns, und damit auch die Lernfähigkeit an sich, beeinflusst. Wer früh komplexe Dinge lernt, beispielsweise ein Instrument, hat später mehr Möglichkeiten, auf diesem Gebiet viel zu erreichen. Die Lerngeschwindigkeit lässt, auch das ist erwiesen, ab dem 17. Lebensjahr nach. Aber: Ältere Menschen lernen nicht schlechter, sondern nur langsamer. Das kann man leicht ausprobieren, indem man versucht, einem Eltern- oder gar Großelternteil ein Computerspiel beizubringen. Katastrophe!

Aber mit Hilfe der vielen Erfahrungen und des erprobten Problemlösungsverhaltens können Ältere die abnehmende Geschwindigkeit durchaus wettmachen.

Richtig wäre also: Was Hänschen nicht lernt, lernt Hans langsamer.

28 Der frühe Schlaf ist der gesündeste & Der Schlaf vor 12 zählt doppelt

Stimmt. Und stimmt nicht.
Jeder von uns hat einen eigenen Biorhythmus, die sogenannte «innere Uhr». Sie ist von der tatsächlichen Uhrzeit weitgehend unabhängig. Wissenschaftler sagen übrigens nicht «Biorhythmus», sondern «Chronobiologie» (von griechisch «chronos» = Zeit und «Biologie» = Lehre von der belebten Natur). Die Chronobiologie erforscht beispielsweise, warum sich zu bestimmten Zeiten bestimmte Ereignisse oder Gefühle häufen (zum Beispiel sterben sehr viele Menschen um vier Uhr morgens, um vier Uhr nachmittags wiegen viele Menschen am meisten, und um neunzehn Uhr ist man besonders empfindlich für Zahnschmerzen). Auf diese Weise hat man auch herausgefunden, dass die Schule zu früh anfängt (dazu gleich noch mehr).

Die meisten Leute sind entweder Lerchen (und schon früh aktiv) oder Eulen (und dann abends besser drauf). Wann man müde wird, hängt vom Ticken dieser inneren Uhr ab.

Sie steuert auch den Schlafrhythmus. Empfohlen werden mindestens fünf, aber auch bis zu elf Stunden Schlaf pro Nacht. In einem ersten Schlafzyklus von etwa vier bis fünf Stunden werden die Wachstumshormone ausgeschüttet, die für die Regeneration der Zellen sehr wichtig sind. In dieser Tiefschlafphase ist der Schlaf am erholsamsten. Man kann Schlafphasen auch noch genauer unterteilen, aber das ist für diese Regel nicht nötig. «Der frühe Schlaf ist der gesündeste» – das stimmt also.

Doch vor Mitternacht muss er nicht erfolgen. Man kann ja leicht nachrechnen: Um acht geht die Schule los, spätestens um sieben muss man aufstehen, bei satten zehn Stunden Schlaf kommt man da auf eine Bettzeit von neun Uhr abends, und der «frühe Schlaf» – die ersten vier Stunden – ziehen sich von neun bis ein Uhr nachts. Würde man «Der Schlaf vor zwölf zählt doppelt» wörtlich nehmen, käme man mit einer Schlafenszeit von acht Uhr abends bis Mitternacht beinahe aus. Klappt aber nicht. Gemeint ist, dass der Schlaf vor 12 besonders wertvoll ist – das stimmt aber eben nicht, denn dann müsste man ja schon um acht ins Bett und wäre spätestens um fünf Uhr morgens ausgeschlafen.

Leider richtet sich die Welt nicht nach den Menschen, die in ihr leben. Schulmediziner haben ermittelt, dass der hierzulande übliche Schulbeginn um acht nicht dem biologischen Rhythmus der meisten Kinder entspricht. Deren Leistungskurve verläuft um diese Zeit noch nah am Tiefpunkt, und die Lernfähigkeit tendiert gegen null. Erst ab neun Uhr können Schüler einigermaßen aufpassen. Es bringt auch nichts, früher ins Bett zu gehen, denn die innere Uhr tickt eben, wie sie will, und nicht, wie sie soll. In Ländern, in denen die Schule um neun Uhr beginnt, sind weniger Verspätungen zu beklagen, die Schüler sind seltener krank, und die schulischen Leistungen sind besser.

Deshalb aber gilt erst recht: Ins Bett gehen, wenn man müde ist, und ausreichend schlafen, um die Morgenprobleme nicht noch zu vergrößern.

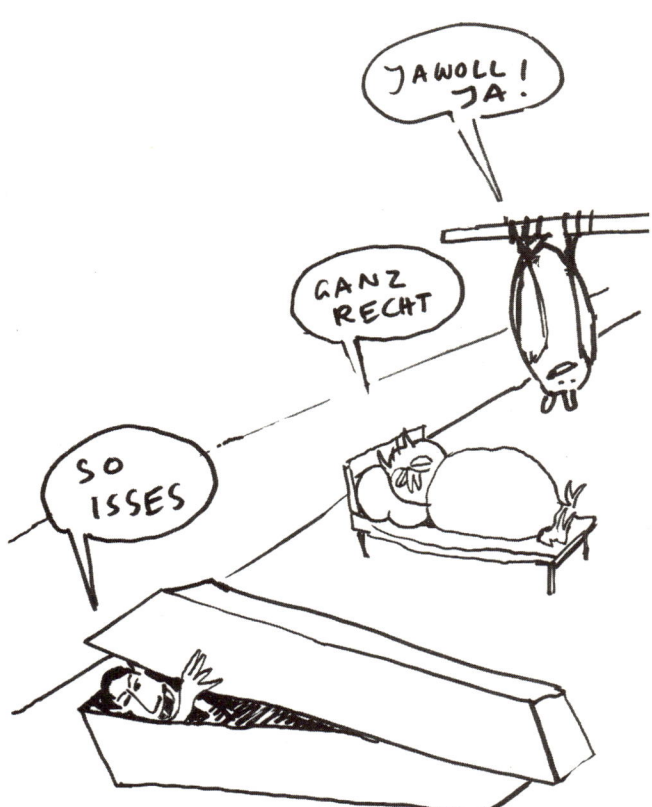

29 Nicht heulen, sonst wird der Kopf immer größer, bis er irgendwann platzt

Stimmt nicht.

Im Gegenteil: Heulen ist gesund. Die Tränen lösen durch Stress hervorgerufene Verspannungen auf und können sogar Schmerzen lindern. Außerdem werden Schadstoffe ausgestoßen, die sich durch Kummer, Schmerz und Stress im Körper sammeln.

In Deutschland werden angeblich jeden Tag 40 Badewannen vollgeheult, 34 davon von Frauen. Daran kann man schon sehen: Männer weinen weniger, und viele Väter erwarten von ihren Söhnen immer noch, dass sie nicht weinen, auch wenn sie sich weh getan haben oder sehr traurig sind. Daher auch der Satz: «Jungs weinen nicht», und eng verwandt ist die Regel 38: «Ein Indianer kennt keinen Schmerz.»

Aber Tränenflüssigkeit wird sowieso dauernd von den Tränendrüsen am oberen Rand der Augenhöhlen produziert und bildet einen Flüssigkeitsfilm über der Hornhaut. Der Lidschlag verteilt die Tränenflüssigkeit alle 20 Sekunden über das ganze Auge, sonst würde die Hornhaut austrocknen, was zur Erblindung führen kann. Die Tränenflüssigkeit verdunstet dann oder fließt durch die Tränenpünktchen im inneren Augenwinkel und den Tränennasengang in den Nasen-Rachen-Raum ab.

Werden einmal mehr Tränen produziert, egal, ob es Reiztränen sind wie beim Zwiebelschneiden, Wuttränen nach einem verlorenen Fußballspiel oder Tränen der Trauer, dann sind diese natürlichen Ablaufkanäle überfordert, und die überschüssige Tränenflüssigkeit kullert über den Augenrand und die Wangen hinunter.

Und das klärt dann auch gleich unsere Frage: Tränen sammeln

sich weder im Auge noch im Kopf, sondern laufen einfach ab. Weint man ganz besonders viel, kann dadurch allerhöchstens die Produktion von Nasenschleim angeregt werden (man heult dann «Rotz und Wasser»), und wenn dann auch noch die Schleimhäute in der Nase anschwellen, treten manchmal Kopfschmerzen auf. Und daher kommt wahrscheinlich die Befürchtung (oder Behauptung), wenn man ganz viel heult, könne der Kopf platzen.

30 100 Bürstenstriche für glänzendes Haar

Stimmt.

Das bestätigt Harald Esser, Vorsitzender des Landesinnungsverbandes Friseur & Kosmetik Nordrhein in Köln. «Die Regel ist schon aus dem vorigen Jahrhundert, stimmt aber. Ausführliches Bürsten tut dem Haar gut, pflegt und bringt es zum Glänzen. Der Glanz entsteht, weil sich durch das Bürsten die Schuppenschicht schließt. Wichtig ist jedoch, eine gute Bürste zu verwenden, am besten mit Naturborsten.» Naturborsten sind dem menschlichen Haar von der Struktur her am ähnlichsten. Plastik oder Draht können das Haar und die Kopfhaut verletzen.

Regelmäßiges Bürsten hilft auch gegen das Verkletten der Haare und regt die Durchblutung der Kopfhaut an. Reiche Damen hatten früher Zofen, die das Bürsten übernahmen. Wer lange Haare und viel Glück hat, kann versuchen, die Mutter oder Schwester zu überreden (muss sich dann aber natürlich revanchieren, sofern alle Beteiligten lange Haare haben). Wenn man jemanden gefunden hat, der einem die Haare bürstet, macht man es am besten so: In der Taille so weit wie möglich nach vorn und unten beugen, dabei sollten die Füße einen Abstand von etwa 30 Zentimetern haben, um das Gleichgewicht zu halten. Das Haar über das Gesicht nach vorn werfen. Tief im Nacken beginnen und jeden einzelnen Bürstenstrich langsam über die gesamte Länge des Haares ausführen. Um das elektrische Knistern der Haare zu vermeiden, mit der freien Hand hinterherstreichen.

Mit wenigen Bürstenstrichen beginnen, um die Haarwurzeln nicht zu überreizen, und dann auf eine dem eigenen Empfinden entsprechende Anzahl steigern, zwischen 100 und 200 ist ideal.

Und jetzt: Alle Rapunzels – ab ins Bad!

31 Keine Plastiktüten über den Kopf ziehen, sonst erstickt man

Stimmt.

In manchen Ländern ist es angeblich sogar immer noch eine Foltermethode, jemandem eine Plastiktüte über den Kopf zu ziehen und ihn (fast) ersticken zu lassen.

Auch Plastikfolien und Verpackungsmaterial wie «Bubble Wrap» (die durchsichtige Folie mit den kleinen Bläschen, die man so schön platzen lassen kann) sind gefährlich.

Eine Tüte über dem Kopf wird durch den Versuch zu atmen fest an Nase und Mund gepresst, daraufhin kann man nicht mehr atmen, versucht es noch panischer und ist dadurch kaum mehr in der Lage, die Tüte vom Kopf zu zerren. Deshalb darf man weder sich noch anderen Plastik, ob als Tüten oder als Folie, vor Mund und Nase halten.

Auch das Einatmen von kleineren Stückchen Folie kann gefährlich sein. Besonders geplatzte Luftballons bleiben gern mal in der Luftröhre stecken und blockieren sie.

32 Ärger macht hässlich

Stimmt.

«Hässlich» ist das Gegenteil von «schön», und das Wort «hässlich» ist abgeleitet von «Hass», einem engen Verwandten des Ärgers.

Hässlichkeit ist ein wertender Begriff, der sich auf das Aussehen bezieht. Was in einer bestimmten Zeitepoche als schön gilt, kann in einer anderen als hässlich angesehen werden. Ein Beispiel dafür ist das Körpergewicht – früher galt ein stattliches Gewicht, bei Männern wie bei Frauen, als schön, heute ist Schlankheit das Ideal.

Dabei empfinden wir absolute Symmetrie und Makellosigkeit jedoch als langweilig – harmonische Proportionen und ein Hauch Einzigartigkeit sind derzeit die Krone der Schönheit.

Wissenschaftler bestätigen, was sicher jeder schon mal erlebt hat: Man kann am Gesicht viel mehr ablesen, als man erklären kann. Ärzte können vielen Patienten Krankheiten «ansehen», ohne dafür eine Begründung zu haben. Sogar Charaktereigenschaften meint man erkennen zu können, doch dafür gibt es keine wissenschaftlichen Beweise. Das Gesicht sei eine «unerschöpfliche und unbestechliche Informationsquelle, was den Funktionszustand des gesamten Organismus, also nicht nur Körper, sondern auch Geist und Seele, anbelangt», sagt Prof. Dr. med. Volker Faust von der Arbeitsgemeinschaft Psychosoziale Gesundheit.

Die Alterungsprozesse – speziell des Gesichts – sind messbar. «Kein Teil des menschlichen Organismus spiegelt die Alterung so schonungslos wider wie der Gesichtsbereich, und zwar auch bei Männern», findet Zahnmediziner Prof. Zöller von der Universität Köln. Der Mensch verfügt über 25 Gesichtsmuskeln, keine Region des

Körpers ist so intensiv mit ganz verschieden ansetzenden Muskelgruppen versorgt wie das Gesicht. Im Alter bilden sich einerseits Falten in der Haut, andererseits sinken die gesamten «Stirnweichteile» (sogar die Augenbrauen) tiefer. Die Nasenlänge nimmt ein wenig zu, die Nasenflügel verbreitern sich, die Mundwinkel biegen sich nach unten, die Lippen verkleinern sich, die Haut an den Wangen und am Hals verliert Elastizität und folgt ebenfalls dem Ruf der Schwerkraft. Es ist also viel los im Gesicht.

Wenn man nun die Muskeln auf einen zornigen, wütenden Ausdruck «trainiert», weil man sich andauernd ärgert, dann passt sich das Gesicht mit den Jahren dieser Form an. Wer viel wütet, wird also hässlich. Auch negativer Stress aller Art kann dabei das Antlitz schädigen: Krankheit, Sorgen, schlechte Ernährung. Ein kleiner Streit unter Freunden, und der Ärger darüber, hat hingegen sicher keine Auswirkungen auf das Aussehen.

Ein anderes Argument für strahlende Gesichter allerdings hat sich als falsch herausgestellt: Oft hört man, zum Lächeln brauche man nur zwischen 12 und 17 Muskeln, für ein ernstes oder gar grimmiges Gesicht 43 bis 64. Das hat jedoch laut Paul Ekman von der Universität San Francisco «nichts mit der Realität zu tun»: Man brauche zwei bis vier Muskeln für einen freundlichen, aber ebenso viele für einen strengen Ausdruck.

Was also hilft? Nicht rauchen (wahrscheinlich der wichtigste Faktor), wenig oder gar kein Alkohol, gesundes Körpergewicht, regelmäßige Bewegung, kompetenter Umgang mit Konflikten und Stress (ja, hört sich toll an). Es lohnt sich, denn «von einem bestimmten Alter an ist jeder Mensch für sein Gesicht verantwortlich», meinte schon der französische Philosoph Albert Camus, und der Schriftsteller George Orwell («1984», «Die Farm der Tiere») ist gleicher Meinung: «Mit 50 hat jeder das Gesicht, das er verdient.»

33 Zahnpasta hilft gegen Pickel

Stimmt nicht.

Kennt jeder: Übermorgen ist eine wichtige Verabredung oder die entscheidende Party ... und ausgerechnet jetzt tauchen mitten auf der Nase oder Stirn (bei mir auch gern mal am Hals, am Kinn, auf den Wangen oder hinter den Ohren) ein oder zwei dicke, fette Pickel auf. Ölig schimmernd und heftig pochend – ein Albtraum!

Erst mal ein Tipp aus eigener Erfahrung: Nicht dran rumdrücken. Plötzlich macht es *knack*, aber die befriedigende Entspannung wird gemindert durch den Anblick des Pickeleiters auf der Brille der Person, die vor einem steht.

Was also tun? Zahnpasta drauf? Nein! Die hat zwar eine leicht austrocknende Wirkung, die Fluoride darin reizen aber die Haut und führen möglicherweise zu noch schlimmeren Entzündungen.

Besser helfen Teebaumöl oder kommerzielle Pickelsalben aus Drogerie, Reformhaus oder Apotheke. Und das Wichtigste: Gesicht jeden Tag gut reinigen, auch wenn gerade kein dicker Pickel danach schreit.

Und das Licht im Partykeller dimmen.

34 Nicht die Bettdecke über den Kopf ziehen, sonst stirbt man & Hände über die Bettdecke

Stimmt nicht. Beides.

Diese zwei Regeln werden oft in einem Atemzug genannt, haben aber überhaupt nichts miteinander zu tun.

«Bettdecken gehören nicht in das Bett eines Säuglings, weil es dort in der Tat zu Erstickungen kommen kann. Deshalb keine Decken für Säuglinge, sondern nur Schlafsäcke. Später spielt es dann keine Rolle mehr», sagt der Hamburger Kinderarzt Dr. Hans-Ulrich Neumann.

Bettdecken im Babybett sind auch ein Risikofaktor für den «Plötzlichen Kindstod», bei dem anscheinend gesunde Babys aus immer noch recht unklaren Gründen überraschend sterben (daher der Name). Es gibt noch weitere Risikofaktoren, beispielsweise Raucherhaushalte, starke Untergewichtigkeit bei der Geburt, ungewöhnlich lange Atempausen.

Ab dem zweiten Lebensjahr besteht keine Erstickungsgefahr mehr unter der Decke; selbst wenn man darunter einschläft, strampelt man sie irgendwann zur Seite.

«Hände über der Bettdecke» wurde aus einem ganz anderen Grund gefordert. Vor noch nicht allzu langer Zeit galt sexuelle Selbstbefriedigung als schlimme Sünde und Krankheit. Wer die Hände über der Bettdecke hielt, konnte seine Geschlechtsteile nicht erreichen und daher auch nicht onanieren. Um Jugendlichen ihr «schändliches Tun» auszutreiben, hat man ihnen die Hände über der Bettdecke fixiert oder den Genitalbereich bandagiert. Vor hundert Jahren erzählte man jungen Menschen, es bestünde die Gefahr von Rückgratverkrümmungen, Verblödung und Blindheit.

Alles Unfug, heute weiß man es besser. Die Hände dürfen auch unter die Bettdecke.

35 Nicht zu schnell Ballons oder Schwimmreifen aufpusten, sonst fällt man in Ohnmacht

Stimmt.

«Hyperventilation» nennt man das: übermäßiges Atmen ohne gleichzeitige körperliche Bewegung. Deswegen passiert so etwas auch nicht beim Joggen oder im Sportunterricht.

Wenn man längere Zeit entweder sehr schnell ein- und ausatmet oder sehr heftig ausatmet, befindet sich zwar reichlich eingeatmeter Sauerstoff im Blut, aber zu wenig Kohlendioxyd. Die Hände können sich dann verkrampfen, es kann zu Atemnot und Brustschmerzen kommen, und man kann sogar ohnmächtig werden.

Unser Körper glaubt, wenn wir hektisch keuchen, dann tun wir das wahrscheinlich aus Angst. Zum Beispiel, weil wir beim Beerensammeln auf einen Bären gestoßen sind. (Ach, die deutsche Sprache kann so viel Spaß machen ...) Unser Körper macht sich also bereit zur Flucht oder Verteidigung: Das Blut wird aus dem Kopf abgezogen und in die Muskeln verlagert. Diese Reaktion hat den Menschen Tausende von Jahren gute Dienste geleistet – heute brauchen wir sie aber nicht mehr.

Dauerstress übrigens – zum Beispiel bei Schulproblemen – kann zu einer «chronischen Hyperventilation» führen. Der Atem, der ja völlig ohne unser Zutun funktioniert, wird flach und angespannt, und dann reicht der kleinste Anlass aus, um endgültig in Ohnmacht zu fallen. Das ist sozusagen das «Notaus» des Körpers.

Was hilft? Wenn man immer zu flach atmet, muss man richtig umlernen. Viele haben gute Erfahrungen mit Yoga, Tai-Chi oder autogenem Training gemacht.

Wenn man Ballons oder einen Schwimmreifen aufbläst: Aufhören spätestens, wenn man ein leichtes Schwindelgefühl bemerkt und/oder Sehstörungen auftreten (Sternchen tanzen vor den Augen oder man sieht schwarz). Ruhig weiteratmen. Dazulernen und nächstes Mal etwas langsamer pusten.

36 Nicht mit nassen Haaren rausgehen, sonst erkältet man sich

Stimmt nicht.

Auch von diesem Satz gibt es – wie so oft, wenn Eltern sich etwas ausdenken, um ihren Willen durchzusetzen – zahlreiche Varianten: «Bei kaltem Wetter warm anziehen, sonst erkältet man sich» und «Nicht mit nasser Kleidung rausgehen, sonst erkältet man sich» sind die beliebtesten. Auch die stimmen nicht. Sie entstanden bereits vor über 100 Jahren, als man zwar wusste, dass Schnupfen und Erkältungen im Winter häufiger auftreten als im Sommer (weshalb man vermutete, dass sie etwas mit Kälte zu tun haben), aber das Schnupfenvirus noch unbekannt war. Man dachte damals, Erkältungen seien überhaupt nicht ansteckend, sondern würden nur durch Unterkühlung ausgelöst.

Doch Schnupfen wird nicht durch Kälte verursacht, sondern durch Viren. Man hat 1968 sogar extra amerikanische Strafgefangene verschiedenen Temperaturen ausgesetzt und ihnen anschließend den Rhinovirus direkt in die Nase geträufelt. Sehr gemein. Aber auch dabei ließ sich kein Zusammenhang zwischen Erkrankung und Kälte feststellen.

Es ist allerdings so, dass Nässe auf der Haut oder Kopfhaut verdunstet und unseren Körper kühlt. Das ist wie Schwitzen, obwohl der Körper gerade gar nicht schwitzen will. Im schlimmsten Fall, wenn man mitten im Winter in nassen Klamotten rausrennt, kann es dadurch sogar zu Erfrierungen kommen. Dann versucht unser Körper, Wärme zu erzeugen, indem wir mit den Zähnen klappern oder zittern, denn durch die Muskelbewegungen wird Energie verbraucht und dabei Wärme freigesetzt.

Da der Kopf nicht durch Fett- oder Muskelschichten geschützt wird, verlieren wir hier ohnehin verhältnismäßig viel Wärme, was

durch nasse Haare noch verstärkt wird. Im Sommer kann es daher sogar angenehm erfrischend sein, mit nassen Haaren rauszugehen.

Alle diese Ermahnungen hören wir aber meist im Winter, denn da ist die Gefahr, sich zu erkälten, am größten. Das liegt vor allem daran, dass wir uns in der kalten Jahreszeit häufig mit vielen Menschen in beheizten und nicht ausreichend belüfteten Räumen aufhalten. Dort fühlen sich die Viren besonders wohl und werden von Mensch zu Mensch übertragen – mit einem Atemhauch, einer Umarmung oder einem Händeschütteln. Außerdem essen wir weniger Vitamine (Obst und Gemüse), was den Körper schwächt.

Was uns allerdings auch zu dem Körnchen Wahrheit bringt, das in dieser Regel steckt: Friert man stark, ist das anstrengend für den Körper. Und hustet einem dann die beste Freundin bei der Verabschiedung einmal kräftig ins Gesicht, wird man leichter krank als sonst. Also: Sich im Winter angemessen warm anzuziehen, ist schon richtig.

Die Erkältungsviren selbst lieben es übrigens lustigerweise warm (wie in der Nase), nicht kalt: In der Antarktis gibt es so gut wie keine Erkältungen, weil die Viren in der kalten Luft dort nicht überleben können.

37 Jeden Tag duschen und Haare waschen

Stimmt nicht ganz.

Gegen eine tägliche Dusche ist medizinisch nichts einzuwenden, solange sie kurz gehalten wird. Gerade bei Kindern ist es aber aufgrund der noch verminderten Schweißproduktion, und weil auch die Duftdrüsen noch nicht funktionieren, nicht nötig. Mit dem Einsetzen der Pubertät ändert sich dies.

Man muss aber auf keinen Fall befürchten, dass häufiges Waschen die Haut verdünnt. Denn die ist keine feste Hülle, die sich mit der Zeit abnutzen kann. Ganz außen befinden sich tote Hautzellen, die abgestoßen werden, ob wir uns waschen oder nicht.

Erwachsene haben etwa 1,5 bis 1,8 Quadratmeter Haut, deren Gesamtgewicht bei 11 bis 15 Kilo liegt. Darin sitzen ungefähr 2 Millionen Schweißdrüsen, die einen Durchmesser von nur 0,4 Millimetern haben. Jeden Tag produziert der Mensch etwa einen halben Liter Schweiß, auch ohne offensichtlich zu schwitzen, zum Beispiel beim Sport. Der Schweiß selbst ist geruchslos und besteht zu 99 Prozent aus Wasser, zu 0,7 Prozent aus Kochsalz und zu 0,3 Prozent aus Säuren. Nur wenn Schweiß nicht verdunsten kann und von Bakterien zersetzt wird, entsteht der üble Geruch nach alten Socken. Wobei die Intensität und Note des menschlichen Schweißgeruchs von Person zu Person sehr unterschiedlich ist. Und auch von Person zu Person ganz unterschiedlich wahrgenommen wird. Manche Leute können sich gut riechen, andere eben nicht.

In der Haut befinden sich auch die Duftdrüsen, die erst in der Pubertät den Betrieb aufnehmen. Sie liegen in den Achselhöhlen, an den Brustwarzen, den Geschlechtsorganen, den Augenlidern, am Naseneingang und am Hintern. Sie sind so klein, dass man sie nicht sehen kann. Aber sie verleihen jedem Menschen einen ganz individuellen Duft.

Die Haut ist eine tolle Errungenschaft der Natur. Auf einem Quadratzentimeter Haut befinden sich etwa 15 Talgdrüsen, 100 Schweißdrüsen (an den Füßen sogar 600 – daher also der Sockengeruch!), durchschnittlich etwa fünf Haare, ein Meter Adern, vier Meter Nervenfasern und etwa 5000 Sinnesrezeptoren. Die Haut besteht aus drei Schichten, der Oberhaupt (Epidermis genannt), der Lederhaut (Corium) und der Unterhaut (Subcutis). Durch diesen Aufbau lässt sich die Haut auch auf dem Körper verschieben, sodass die Muskeln darunter freies Spiel haben.

Ein Wasser-Fett-Schutzfilm sorgt dafür, dass die Haut nicht austrocknet. Man kann ihn fühlen. Dazu muss man sich nur einmal mit dem Finger über die Stirn streichen. Bei jedem Waschen mit Seife wird diese Schutzschicht zerstört, und es dauert mindestens zwei Stunden, bis sie wiederhergestellt ist. Wenn der schützende Ölfilm fehlt, kann natürlich auch Wasser in die Haut eindringen, deshalb wird sie bei einem langen Bad so schrumpelig. Also: Kurz duschen ist okay, lange duschen mit viel Seife nicht. Jeden Tag baden ist überflüssig und Wasserverschwendung.

Im Jahre 1655 übrigens warnte der Hygienist Theopraste Renaudot sogar vor dem Baden, denn es sei «außer in den vom Arzt verordneten Fällen nicht nur überflüssig, sondern äußerst schädlich». Der Arzt Christoph Wilhelm Hufeland schrieb hingegen 1801: «Man wasche sich täglich mit frischem Wasser den ganzen Körper und reibe zugleich die Haut stark, wodurch sie außerordentlich viel Leben und Gangbarkeit erhält.»

In anderen Ländern herrschen auch heute noch ganz andere Sitten als bei uns. Japaner zum Beispiel duschen und seifen sich ab, bevor sie in die Badewanne steigen. Das Wasser darin ist sehr heiß, bis zu 45 Grad, und wird von allen Familienmitgliedern nacheinander benutzt. (Kleiner Tipp am Rande: Wer je in Japan badet, sollte sich in der Wanne nicht bewegen, denn sonst fühlt sich das Wasser noch heißer an.) Im Sudan ist das Wasser knapp, daher verwenden die Menschen dort «Dilka», eine Mischung aus zerstoßenem Mais oder anderem Getreide mit Wasser. Damit reiben sie ihren Körper kräftig ab, bis er glänzt. Anschließend verbrennen sie wohlriechende Hölzer in einem Loch im Boden. Die Sudanesen hüllen sich in ein zeltartiges Gewand und setzen sich etwa eine Viertelstunde lang über dieses Loch. Der Rauch reinigt die Poren und die Haut. Die Haare waschen sie mit einer seifigen Lösung und reiben sie dann mit Öl ein. Die Aborigines, die australischen Ureinwohner, nutzen gar Fliegenschwärme zur Körperpflege. Wenn ein Fliegenschwarm auf sie zubrummt, bleiben sie stehen und strecken die Arme von sich. Die Fliegen krabbeln ihnen sogar in die Nase und die Ohren und entfernen dort die abgestorbenen Hautschuppen. Außerdem graben die Aborigines sich gern mal ein Loch und setzen sich hinein. Nur der Kopf schaut noch heraus. Die Erde soll alle schlechten Körpergerüche absorbieren.

Und was ist mit den Haaren? Da sind sich alle einig: Jeder kann seine Haare waschen, so oft er möchte. Allerdings quillt durch die Feuchtigkeit die schützende Schuppenschicht auf. Wer die Haare also häufig wäscht, sollte ab und zu auch mal eine Haarkur auflegen. Und föhnen am besten nur auf niedriger Stufe, zu hohe Temperaturen schaden.

38 Ein Indianer kennt keinen Schmerz

Stimmt nicht.

Alle Menschen empfinden Schmerz, ganz gleich, woher sie kommen oder welche Farbe ihre Haut hat. (Übrigens sind Indianer gar keine «Rothäute», sie schmierten sich nur feierlich vor Friedensabschlüssen mit roter Farbe ein.)

Richtig ist jedoch, dass das Schmerzempfinden sowohl von Mensch zu Mensch als auch zwischen den verschiedenen Kulturkreisen unterschiedlich ist. Möglicherweise wurde bei den Indianern dem Schmerz keine so große Bedeutung beigemessen. Es kann aber auch sein, dass die Indianer nur in Wildwestromanen wie zum Beispiel *Winnetou* von Karl May oder *Lederstrumpf* von James Fenimore Cooper als besonders schmerzunempfindlich dargestellt wurden, weil das die Geschichte natürlich noch viel spannender macht. Überhaupt können die Helden (und Schurken) in Abenteuerbüchern und -filmen ja viel aushalten, ohne groß zu jammern!

Übrigens: Bei wissenschaftlichen Experimenten, in denen Teilnehmer gepikst, gedrückt oder mit kleinen Stromschlägen traktiert wurden, sagten die Frauen deutlich früher «autsch» als die Männer. Auch Hitze empfanden Frauen schneller als unangenehm. Das mag daran liegen, dass Frauen eine etwas dünnere Haut haben als Männer und die Nerven, die Schmerzmeldungen ans Gehirn senden, daher weiter oben liegen.

Eigentlich ist es aber gar nicht schlimm, sondern sogar gut, wenn es weh tut. Denn wer keine Schmerzen empfindet, bemerkt viele gefährliche Situationen gar nicht: Hand auf der Herdplatte, stolpern, hinfallen, auf die Zunge beißen, Fuß unterm Auto ... Menschen, die an angeborener Schmerzunempfindlichkeit lei-

den, sterben meist frühzeitig an schweren Verletzungen. In diesem Zusammenhang erzähle ich immer gerne die Geschichte von dem bildhübschen Mädchen, das der Freund eines Freundes mal im Wartezimmer seines Hautarztes getroffen haben soll. (Ja, jetzt kommt eine typische «Freund eines Freundes»-Geschichte. Der Kenner weiß: Die entspricht wahrscheinlich nicht der Wahrheit, sondern gehört zu den berüchtigten Großstadtlegenden. Trotzdem – so ganz sicher kann man sich da nicht sein.) Dieses Mädchen, ich nenne es mal Anne, wollte bei einem Model-Wettbewerb teilnehmen und sich vorher noch die Amalgam-Füllungen aus den Zähnen nehmen lassen. Anne war also beim Zahnarzt, ließ sich betäuben, bekam ihre neuen weißen Füllungen und ging frohen Mutes nach Hause. Auf dem Heimweg kaufte sie sich beim Bäcker ein Leberwurstbrötchen – sie hatte noch nicht gefrühstückt. Anne biss in das Brötchen, obwohl ihr Zahnarzt gesagt hatte: «In den nächsten zwei Stunden bitte nichts essen.» Vielleicht hätte er es deutlicher sagen sollen: «So lange nichts essen, wie die Betäubung anhält.» Denn mit Betäubung im Mund hat man keine Schmerzen – das darf man nie vergessen. Jedenfalls aß Anne mit dem betäubten Mund ihr Brötchen und wunderte sich, dass Stückchen in der Leberwurst waren, obwohl sie extra die feine Leberwurst bestellt hatte. Als sie mit dem Brötchen fertig war, ging Anne ins Badezimmer, um sich die Zähne zu putzen, und stellte mit Entsetzen fest, dass ihr hübsches Gesicht auf einmal ein großes Loch in der Wange hatte! Das hatte sie sich, ohne es zu merken, selbst reingekaut. Dank der Betäubung dachte sie, ihre Wange wäre grobe Leberwurst. So kann es gehen. Aber zurück zum Thema.

Bei Versuchen mit Affen konnte man zudem beweisen, dass Schmerzen auch notwendig sind, um zu lernen, sich geschickt zu bewegen. Ist ja klar, wenn man beim Gehenlernen zigmal auf die Nase fällt und es weh tut, übt man weiter. Fällt man auf die Nase und es tut nicht weh, scheint alles in Ordnung zu sein, und man übt eben nicht weiter.

Man kann aber auch beweisen, dass Schmerzen noch schlimmer erscheinen, wenn ein anderer mitjammert. Und umgekehrt: Wenn andere die Sache als nicht so schlimm ansehen, tut's auch gleich nicht mehr so weh. So ist der Satz mit dem Indianer wahrscheinlich auch gemeint: Wenn du ein wilder Kerl bist und Cowboy und Indianer spielst, dann hältst du das jetzt bestimmt auch aus!

39 Kaffee und Cola sind nichts für Kinder, weil da Koffein drin ist

Stimmt nicht ganz.

Jeder Mensch reagiert anders auf Koffein. Im schlimmsten Fall kann es zu Zittrigkeit, Herzrasen, Bluthochdruck, Angstanfällen und Schlafstörungen kommen. Darüber hinaus kann Koffein den Zuckerstoffwechsel stören und die Entwicklung von Diabetes (der Zuckerkrankheit) fördern.

Außerdem ist es möglich, von Koffein, das sogar auf der Dopingliste des Internationalen Olympischen Komitees steht, abhängig zu werden. Wer ein bis zwei Wochen viel Cola trinkt und dann schlagartig damit aufhört, kann Entzugserscheinungen wie Kopfschmerzen oder Übelkeit erleiden.

Das alles sind aber sehr extreme Fälle. Geringe Mengen Koffein – ein Glas Cola zum Beispiel – sind kein Problem.

Was viele nicht wissen, ist, dass Koffein nicht nur in Cola und Kaffee (den wegen seines bitteren Geschmacks ja sowieso kaum ein Kind mag) stecken, sondern auch in Tee, Schokolade, Kakao, Energy Drinks und Energiebonbons. Afri-Cola enthält am meisten Koffein von allen Colas: 25 Milligramm pro 100 Milliliter, mehr ist nicht erlaubt. (Coca-Cola und Pepsi enthalten nur 10 Milligramm pro 100 Milliliter.)

Nun könnte man ja denken, wenn Cola wach macht, schüttet man sich vor einer Klassenarbeit eine Flasche rein. Doch Versuche mit Spinnen ergaben, dass die unter Koffein ihre Fäden nur noch wild durch die Gegend spannen, statt ein anständiges Netz zu bauen. Es kann also gut sein, dass man zwar etwas wacher wird von Cola, sich aber nicht unbedingt besser konzentrieren kann.

Manche Leute – Kinder wie Erwachsene – können nach Cola

schlechter einschlafen, bei anderen ist es egal. Manche werden nervös und zittrig von Koffein, andere nicht. Da die Wirkung auch vom Körpergewicht abhängt, ist klar: Kinder und Jugendliche vertragen auf alle Fälle weniger Koffein als Erwachsene.

Wer nun findet, dass die eigenen Eltern zu streng sind, kann ja ein kleines Experiment vorschlagen. Ein oder zwei Tage ohne Cola, ein oder zwei Tage mit einer Cola, ein oder zwei Tage mit so viel Cola, wie man selbst für richtig hält. Dabei schreibt man auf, wie man sich fühlt und ob man gut schläft, und die Eltern notieren ebenfalls, wie sie einen sehen (nervös, aufgeweckt, gelassen usw.). Hinterher vergleicht man die Aufzeichnungen, dann weiß man mehr. Und immer schön auf die Füße achten – nicht, dass die noch schwarz werden (siehe Regel 16).

40 Nicht die Blutkruste von der Haut abreißen – das gibt Narben

Stimmt.

Wie schade für die Krustenfee – eine Kollegin der Zahnfee –, aber auch für viele andere, denn an Pickeln oder verschorften Windpocken herumzupulen oder die Blutkruste von einer halb verheilten Wunde zu kratzen, kann ein großes Vergnügen sein.

Aber wie entstehen überhaupt Narben? Der Körper versucht, jede Verletzung so schnell wie möglich zu schließen. Wie bei einem Fahrradschlauch. Den muss man ja auch flicken, sonst geht die Luft raus. Weil das Blut in uns drinbleiben muss und Krankheitserreger nicht hinein gelangen sollen, denkt sich der Körper: Schnell ist besser als gut. Bei oberflächlichen Wunden wird das beschädigte Gewebe durch gleichwertiges ersetzt, es bleibt keine Narbe. Geht die Wunde aber tiefer, so hat das neue, schnell wachsende Bindegewebe eine andere Struktur als das bisherige. Und das sieht man. Außerdem wachsen auf der neuen Haut keine Haare, und sie enthält auch keine Pigmente, ist also heller.

Und all das wird schlimmer, nur weil man den Schorf abpult? Ja, das sollte man tatsächlich lassen, bestätigt Prof. Michael Jünger von der Klinik und Poliklinik für Hautkrankheiten an der Universität Greifswald: «Der Schorf stellt einen natürlichen Schutz der heilenden Wunde gegen Austrocknung und Wärmeverlust dar, auch einen gewissen Schutz gegenüber Krankheitserregern. Bei jeder Manipulation der Wunde wird das Wundbett irritiert. Irritationen stören die Neubildung der Haut und tragen damit zu einer Hautstruktur bei, die sich deutlich von der Umgebung unterscheiden kann. Dies versucht man beispielsweise durch Wundverbände zu vermeiden, die für physiologische, natürliche

Bedingungen sorgen und die Wunde feucht (nicht nass) und warm halten.»

Das heißt: Unter einem Pflaster oder Verband ist es feucht und warm, und das erleichtert der Haut die Arbeit. Schorf ist ein etwas schlechterer Schutz, aber besser als nichts.

Der einzige Trost, der bleibt: Jede Narbe erzählt eine Geschichte. Das kann im späteren Leben sogar ganz lustig sein. Aber da man nur eine begrenzte Menge Haut hat – weniger als zwei Quadratmeter –, sollten es lieber Kurzgeschichten sein.

41 Wunden heilen besser an der Luft

Stimmt nicht.

Früher dachte man das, heute hat die Wissenschaft herausgefunden: Das war falsch!

Ohne Pflaster gerät schneller Dreck in die Wunde, die sich dann entzünden kann, und sie trocknet auch noch aus. Die Vorstellung, wenn die Wunde trocken sei, ist alles gut, ist irrig. Die für die Heilung zuständigen Enzyme und Hormone können nur arbeiten, wenn es feucht ist. Ideal sind daher die neuen Gelpflaster, die schützen und gleichzeitig befeuchten. Darunter heilen die Wunden manchmal doppelt so schnell wie unter einem herkömmlichen Pflaster.

Wer's nicht glaubt, kann sich ja mal so richtig das Schienbein aufratschen und dann ein Drittel unbepflastert lassen, ein Drittel mit herkömmlichen Pflastern bedecken und den Rest mit Gelpflastern.

42 Messer, Gabel, Schere, Licht sind für kleine Kinder nicht

Stimmt nicht ganz.

Diesen Spruch gibt es auch in der Variante «Messer, Schere, Feuer, Licht sind für kleine Kinder nicht», das ändert aber nichts am Inhalt: Spitze Gegenstände und Feuer (denn früher hat man das Licht ja mit Feuer angezündet) sind für Kinder gefährlich oder sogar lebensbedrohlich. (Nur nebenbei: Wenn wir im Studio Versuche mit Feuer machen – und sei es auch nur eine kleine Kerzenflamme –, ist jedes Mal mindestens ein Feuerwehrmann dabei, der sofort helfen kann, wenn irgendetwas Feuer fängt, was eigentlich nicht brennen sollte. Man kann ja nie wissen, was so alles passiert.)

Es ist auch wirklich so, dass jedes dritte bis vierte aus Versehen entfachte Feuer von Kindern verursacht wird. Und eine Million Kinder jährlich verunglücken im Haushalt oder in der Freizeit so schwer, dass der Arzt kommen muss oder die Kinder ins Krankenhaus müssen. 3500 Behinderungen treten als Folge von Unfällen auf, und 500 Kinder unter 15 Jahren sterben sogar jedes Jahr an Unfällen – mehr als an Infektionskrankheiten und Krebs. Viele davon sind natürlich Verkehrsunfälle, aber der Anteil der Todesfälle durch Ertrinken, Verbrennen und Ersticken steigt.

Es gibt jedoch einen guten Einwand gegen diese Regel. Nur aus Erfahrung wird man klug! Menschen – vor allem auch die jüngeren – müssen (und sollen) den Umgang mit gefährlichen Gegenständen üben und lernen, denn sonst können sie ja als Erwachsene noch immer keine Kerze anzünden und kein Brot schneiden. Und das kann kein Vater und keine Mutter wirklich wollen. Deshalb muss man eigentlich sagen: «Messer, Gabel, Schere, Licht sind für kleine Kinder nicht. Wenn die alleine damit spielen, gibt das böse Schwielen.» Aber wenn die Eltern dabei sind, sollten Kinder sehr wohl mit Feuer, Licht und spitzen Gegenständen experimentieren!

43 Wenn man nicht aufisst, gibt es schlechtes Wetter

Stimmt nicht.

Es stehen zwar noch genauere meteorologische Untersuchungen aus, aber bis dahin kann ohne Zweifel gesagt werden, dass es dem Wetter total egal ist, ob irgendein Mensch seinen Teller leer isst oder nicht.

Diese oft genutzte Regel gibt es übrigens in zwei Versionen: «Wenn man nicht aufisst, gibt es schlechtes Wetter» ist eher gedacht für Eltern, die einen unterdrückenden, bestrafenden Erziehungsstil bevorzugen. Die zweite Version, «wenn man aufisst, gibt es gutes Wetter», spricht eher die Eltern an, für die Kindererziehung viel mit der Erziehung von Hunden gemeinsam hat: Gutes Verhalten soll belohnt werden. Die Frage ist natürlich: Woher kommt eigentlich diese wissenschaftlich unhaltbare Regel?

Aus Norddeutschland. Im Raum Schleswig sagte man zum Beispiel früher (und angeblich auch heutzutage noch) auf Plattdeutsch: «Wenn du dien Teller leer ittst, dann gifft dat morgen goodes Wedder.» Übersetzt heißt das: «Wenn du deinen Teller leer isst, dann gibt es morgen gutes Wetter.»

Ja, so weit waren wir schon.

Was aber die meisten Touristen, die wahrscheinlich für die Verbreitung dieser Regel außerhalb Norddeutschlands verantwortlich sind, nicht wissen: «Wedder» heißt nicht nur «Wetter», sondern auch «wieder».

Und plötzlich liest sich der Satz «wenn du dien Teller leer ittst, dann gifft dat morgen goodes wedder» ganz anders: «Wenn du deinen Teller leer isst, dann gibt es morgen Gutes wieder.» Ah! Gemeint ist, dass man am nächsten Tag wieder gutes Essen bekommt, wenn man seinen Teller leer isst.

Das geht natürlich auch umgekehrt: Wenn man seinen Teller nicht leer isst, dann gibt es morgen nicht schlechtes Wetter, sondern Schlechtes wieder. Mit anderen Worten: Das Essen, das man nicht aufgegessen hat, wird einem am nächsten Tag wieder vorgesetzt. Im Verlauf der dazwischenliegenden 24 Stunden wird das Essen nicht unbedingt besser. Trotzdem kann man sich glücklich schätzen, wenn Eltern diese Version der Regel benutzen. Denn damit geben sie unumwunden zu, dass ihr Essen nicht sonderlich genießbar ist. Wenn man nicht aufessen möchte, gibt es fast kein besseres Argument.

Habe ich gerade «fast» geschrieben? (Der Blick schweift nach oben.) Tatsächlich. Das beste Argument nämlich, seinen Teller nicht leer zu essen, liefert der eigene Bauch. Das Signal lässt sich in drei einfache Wörter übersetzen: «Ich muss kotzen!» Oder weniger drastisch: «Ich bin satt!»

Es gibt eine Wissenschaftlerin, Leann Birch von der Pennsylvania State University in den USA, die sich zusammen mit ihren Kollegen sehr dafür interessiert, wie Kinder essen, was Kinder essen und ob die Erziehung der Eltern das «Wie» und das «Was» beeinflusst.

Ergebnis der Forschung ist unter anderem, dass besonders jüngere Kinder ganz von alleine merken, wie viel Energie ihr Körper braucht – und vor allem, wann sie genug gegessen haben, um gut über die Runden zu kommen. Wenn Eltern für ihre Kinder entscheiden, wie viel der Nachwuchs essen soll, dann führt das oft dazu, dass die Kinder die Fähigkeit verlieren, auf ihre eigenen Sättigungsgefühle zu achten. Auch die Sorge, dass die Kinder unterernährt sind und nicht mehr wachsen, lässt sich meistens mit einem Blick auf diese Kurvendiagramme in den Vorsorgeuntersuchungsheften vergessen.

Ernährungswissenschaftler sind sich einig: Wenn sich während des Essens ein Sättigungsgefühl einstellt, sollte man besser auf seinen Bauch hören, statt auf den Teller zu sehen. Sonst gewöhnt man sich an, selbst dann noch weiterzuessen, wenn man schon längst satt ist. Und das führt nicht zu Sonnenschein, sondern zu Übergewicht.

44 Nicht den Joghurtdeckel ablecken

Stimmt nicht.

Angeblich sind das Metall des Deckels selbst und/oder auf seine Unterseite aufgebrachte Stoffe giftig. Folgende Varianten gibt es:
- Die Aufnahme von Aluminium-Partikeln aus dem Material der Joghurtdeckel fördert die Gehirnerkrankung Alzheimer.
- Die Unterseite ist mit Antibiotika behandelt: Arzneimitteln, die man nicht unkontrolliert zu sich nehmen sollte.
- Die kleinen Pünktchen, die man auf der Unterseite von manchen Joghurtdeckeln sehen kann, sind für den Menschen giftige Konservierungsmittel.

An keinem dieser Gerüchte ist etwas dran.

1965 kam zwar der Verdacht auf, man könnte nachweisen, dass sich die Gehirne von Versuchstieren durch Aluminium schädigen ließen. Aber das war keine Alzheimer-Erkrankung. Man weiß bis heute nicht genau, was den schleichenden Gedächtnisverlust auslöst, ist sich aber sehr sicher: Aluminium nicht. Hinzu kommt: Der Mensch scheidet 99 Prozent des Aluminiums, das er zu sich nimmt, über die Nieren wieder aus. Und: Wir nehmen viel mehr Aluminium über die Nahrung auf als aus Joghurtdeckeln, selbst wenn man sie sehr gründlich sauberleckt. Das trifft vor allem auf Menschen zu, die säurehemmende Medikamente nehmen, und die bekommen – nachweislich – auch nicht öfter Alzheimer als andere.

Zweitens: Was nicht in den Joghurt darf, darf auch nicht am Deckel kleben. Weder Antibiotika noch giftige Konservierungsmittel. Antibiotika wären dafür ohnehin viel zu teuer und zur Desinfektion auch gar nicht geeignet. Joghurt wird unter sterilen (also keimfreien) Bedingungen abgefüllt, die Deckel werden manchmal zusätzlich noch mit Wasserstoffperoxid (zerfällt in Wasser und Sauerstoff) oder Wasserdampf desinfiziert. Dass Joghurt sich länger halten kann, als aufgedruckt ist, liegt nicht an illegalen Zusatzstoffen auf dem Deckel, sondern an den Milchsäurebakterien darin. Die sorgen dafür, dass die meisten Krankheitserreger im Joghurt nicht wachsen können.

Und die kleinen Pünktchen, die unter manchen Deckeln zu sehen sind? Das sind sogenannte «Abstapelhilfen», erklärt Ingrid Manders vom Danone-Verbraucherservice, «sie helfen der Vereinzelung der stapelweise angelieferten Aludeckel auf den Joghurtabfüllmaschinen» – die Maschine kriegt die Deckel dann leichter auseinander. Das ist gut, denn sonst hätte ein Joghurt auch mal zwei oder drei Deckel und wäre ziemlich schwer zu öffnen.

Es gibt also nur einen einzigen Grund, den Joghurtdeckel nicht abzulecken: Weil ganz ungeschickte Kandidaten es tatsächlich schaffen, sich mit dem Rand in die Zunge zu schneiden. Aber keine Angst: Das tut zwar weh, ist aber nicht schlimm und in ein bis zwei Tagen wieder vergessen.

45 Lippenpflege macht süchtig

Stimmt nicht.

Lippenpflegeprodukte enthalten Paraffin, das die Lippen nicht direkt pflegt, sondern sich wie ein Fettfilm über die Haut legt. Nach diesem seidigen, glatten Gefühl kann man «süchtig» werden – aber nur in Anführungszeichen, denn echte Suchtstoffe sind weder in Lipgloss noch in Lippenpflegestiften enthalten.

«In unseren überheizten, trockenen Räumen neigt die Haut tendenziell eher zum Austrocknen, und die Lippen sind dabei speziell betroffen», erklärt Dr. Margret Schlumpf vom Institut für Pharmakologie und Toxikologie an der Universität Zürich. «Der aufgetragene Pomaden-Schutzfilm hilft gegen das als lästig empfundene Austrocknungs-Gefühl, ist aber sehr schnell wieder weg und muss dann, aus Gründen des Wohlbefindens, neu aufgetragen werden. Etwas mehr Flüssigkeitsaufnahme und Feuchtigkeit in den Wohn- und Arbeitsräumen dürften dazu beitragen, das lästige Problem mit den trockenen Lippen zu verringern.»

Prof. Manuela Rousseau, Konzernsprecherin der Beiersdorf AG (die Labello herstellt), bestätigt: «Charakteristisch für die Haut der Lippen ist eine sehr dünne Hornschicht. Schweißdrüsen sind an den Lippen nicht zu finden. Die Feuchtigkeit der Lippen rührt hauptsächlich vom Mundspeichel her. Da Talgdrüsen nur vereinzelt vorkommen, ist die Lippenoberfläche praktisch fettfrei. Sie neigt daher stark zum Austrocknen, besonders bei kaltem und trockenem Wetter. Lippenpflegemittel haben als vornehmliche Aufgabe, das Austrocknen und Rissigwerden der Lippen zu verhindern. Wie häufig also ein Lippenpflegestift verwendet werden sollte, hängt ganz und gar von der Beschaffenheit der Lippen ab und hat nichts mit ‹Sucht› zu tun.»

Dass Lippen(pflege)stifte Fischschuppen enthalten, stimmt übrigens auch nicht (mehr). Bis in die vierziger Jahre hinein wurden in Lippenstifte Fischschuppen hineingemischt, weil die so schön glänzten. Schon lange aber werden diese Perlglanzpigmente nun künstlich hergestellt.

46 Beim Husten die Hand vor den Mund nehmen

Stimmt.

Das ist eine sehr sinnvolle Regel – allerdings muss man sich dann nach dem Husten die Hände auch noch waschen. Sonst bringt es nicht viel.

Husten ist ein Schutz- und Reinigungsreflex der Atemwege. Er kann im Gegensatz zum Niesen aber willentlich herbeigeführt oder auch unterdrückt werden.

Beim Husten kann alles Mögliche zutage kommen. Gelber Schleim, weißer Schleim, grüner Schleim, verschluckte Erbsen, Möhren- und Apfelstücke, und auch mal ein Hotel. Also vom Monopoly-Spiel. (Warnung: Bitte nicht ausprobieren! An Hotels und Ähnlichem kann man ersticken. Wirklich!) Um den anderen Anwesenden diesen ekligen Anblick zu ersparen und Tante Theresia keine Schleimspur auf die Bluse zu rotzen, empfiehlt es sich, die Hand vor den Mund zu halten.

Zweiter Vorteil: Auch Viren und Bakterien, die bei krankheitsbedingtem Husten mit rausgeschleudert werden, landen so in der Hand und nicht im Gesicht des Menschen, der einem gegenübersteht. Dadurch schützt man andere vor einer möglichen Ansteckung. Denn beim Husten oder Niesen werden die Krankheitserreger durch den hohen Druck – die Luft erreicht bis über 480 km/h – besonders erfolgreich verteilt, bis zu fünf Meter weit. Deshalb sollte man möglichst nicht nur die Hand vor den Mund heben, sondern auch den Kopf von anderen abwenden.

Aber nicht vergessen: Der ganze Dreck klebt jetzt an der Hand! Also nach dem Husten Hände waschen. Mit Seife. Notfalls (unterwegs) wenigstens die Hand ablecken oder am Taschentuch abwischen (und nicht am T-Shirt oder hinten an der Jeans).

In einem *Erkältungsknigge* wird übrigens empfohlen, die linke Hand zu benutzen, damit man anschließend mit der rechten Gäste begrüßen kann.

47 Gegen Schluckauf hilft Erschrecken/ein Löffel Zucker/der geht von alleine weg

Stimmt.

Aber man weiß nicht, warum.

Schluckauf entsteht – *hick* – durch die ruckartige Verkrampfung des Zwerchfells. Das Zwerchfell ist der wohl am lustigsten benannte Teil des Körpers. Es ist nicht etwa das Fell eines gehäuteten Zwerges, sondern die Trennwand zwischen Bauchraum – *hick* – und Brustraum und zugleich der wichtigste Atemmuskel. Ohne Zwerchfell würden die Lungen schlaff knapp unterhalb des Magens hängen. Das Zwerchfell heißt so, weil – *hick* – «zwerch» auf Altdeutsch «quer» hieß, und «fel» (mit einem «l») «Haut» bedeutete, es war (und ist) also ein quer verlaufendes Stück Haut.

In Griechenland hielt man das Zwerchfell für den Sitz der – *hick* – Seele. Eine dem Zwerchfell vergleichbare Struktur besitzen außer den Säugetieren nur noch Krokodile.

Wie dem auch sei, der Nervus phrenicus ist – *hick* – zuständig für das korrekte Arbeiten des Zwerchfells. Wenn dieser Nerv genervt ist, tut der Körper 35 Millisekunden – *hick* – lang so, als würde er einatmen. Das Zwerchfell zieht sich zusammen, und Luft wird in die Lunge gesaugt. Beim Ausstoßen dieser Luft wird sie gegen die verschlossenen Stimmlippen gepresst und drückt diese auf. Deshalb macht man immer, im schlimmsten Fall bis zu 100-mal die Minute … genau: *hick*.

Auch Babys im Bauch können schon Schluckauf haben. Forscher vermuten, dass sie dadurch die Atemmuskulatur trainieren. Dieser – *hick* – Reflex nimmt über die Jahre ab, deshalb haben ältere Menschen 3000-mal seltener Schluckauf als jüngere.

Ausgelöst werden kann ein Schluckauf zum Beispiel durch

zu hastiges – *hick* – Essen, kalte Getränke, Aufregung. In besonders seltenen Fällen kommt es zu chronischem (andauerndem) Schluckauf. Der – *hick* – Weltrekord liegt bei 68 Jahren: Charles Osborne aus Iowa wurde 1894 geboren und hickste von 1922 bis 1990 (1991 starb – *hick* – er), anfangs 40-mal pro Minute, später nur noch 20-mal. Das macht 430 Millionen Hickser insgesamt. In Deutschland – *hick* – leiden 34 Patienten an chronischem Schluckauf.

Allen anderen können Hausmittel helfen. Man kann sich entspannen, indem – *hick* – man meditiert, auf dem Kopf stehend ein Glas Wasser trinkt, einen Löffel Zucker isst, die Luft anhält, Essig – *hick* – trinkt, sich selbst auf die Augäpfel drückt (nicht zu fest, bitte, Fernsehen soll ja weiterhin Spaß machen), an der Zunge zieht, Eiswürfel lutscht, mit angehaltenem Atem eine Tasse warmes Wasser trinkt, ein Stück Zitrone aussaugt, sich – *hick* – erschrecken lässt – oder einfach abwartet. Alle diese Tricks reizen einen Teil des Nervensystems, den Parasympathikus, der dem in einer Dauerschleife hängengebliebenen Schluckaufzentrum im Gehirn signalisiert: Schluss jetzt!

Ah, endlich vorbei!

48 Aus der Flasche darf man nicht trinken

Stimmt. Wenn es eine Flasche für mehrere ist. *Und stimmt nicht.* Wenn man nur selbst aus der Flasche trinkt.

Was sind die Gründe für eine solche Regel? Wieder mal Krankheitserreger, genau!

Aber keine Sorge, solange man nur selbst aus der Flasche trinkt, ist alles okay. Dr. Joachim Dullin, Abteilungsleiter beim Gesundheitsamt Bremen, bestätigt: «Ein hygienisches Problem ist das Trinken aus der Flasche sicherlich nicht, solange nur man selbst diese Flasche benutzt und sie binnen ein bis zwei Tagen ausgetrunken ist. Die Haltbarkeit des Getränkes wird durch den Mund- und Speichelkontakt nämlich zusätzlich verschlechtert.»

Prof. Dr. Hans-Curt Flemming vom Biofilm Centre der Universität Duisburg-Essen sieht das genauso: «Bei der Herstellung und Abfüllung werden Flaschen sorgfältig gereinigt, sodass es kein Problem sein dürfte, direkt aus frischgeöffneten Flaschen zu trinken. Alles hängt davon ab, was mit den Flaschen passiert. Wenn sie normal aufbewahrt werden, also in einem Vorratsraum oder Kühlschrank, dann gibt es auch weiterhin kein Problem. Ganz anders sieht es aus, wenn mehrere Leute aus derselben Flasche trinken. Dann ergibt sich die gleiche Situation wie beim Messwein: Die Flasche (oder der Kelch) wird kontaminiert, und der Nächste kommt dann in Kontakt mit den Keimen des Vorgängers. Das Drehen des Kelchrandes ist eine unvollkommene Hilfsmaßnahme, weil die Keime auch in den Wein bzw. das jeweilige Getränk im Kelch übergehen können. Diese Aspekte sind aber eigentlich schon ziemlich gut durch das menschliche Ekelgefühl geregelt – keiner trinkt gern aus einer Flasche, an der schon ein anderer genuckelt hat.»

Etwas mehr Vorsicht ist nur bei Milch geboten, die hierzulande aber auch nur selten in Flaschen daherkommt, sondern meist in Pappkartons, aus denen man sowieso schlecht trinken kann. Milch wird besonders leicht schlecht, tränke man sie also aus dem Karton, hielte sie nicht unbedingt noch zwei Tage durch. Aber das merkt man dann auch, wenn man sie das nächste Mal rausnimmt; verdorbene Milch riecht sauer wie Erbrochenes.

49 Vogelbeeren und Muskatnüsse darf man nicht essen, sonst stirbt man

Stimmt nicht.

Vogelbeeren heißen so, weil Vögel sie gern essen. Sie wachsen an rund 15 Meter hohen Ebereschen. Die orangeroten Beeren haben roh einen bitteren Nachgeschmack, und nach dem Verzehr größerer Mengen – aber wer will das schon? – kann es zu Bauchschmerzen, Durchfall, Brechreiz kommen. (Ein paar Beeren helfen daher gegen Verstopfung, und getrocknete Beeren sind gut gegen Durchfall.) Erhitzt und zubereitet, als Saft, Gelee oder kandiert, sind die Früchte der Eberesche jedoch ein echter Fitmacher mit viel Vitamin C, ähnlich wie Sanddorn und Hagebutten. Tee aus getrockneten Vogelbeeren hilft gegen Husten und Heiserkeit.

Auch der Verzehr einer Muskatnuss ist nicht tödlich – aber es ist ganz schön schwirig, ein solches Riesending überhaupt runterzuwürgen! Schlimmstenfalls kommt es zu Kopfschmerzen, Schwindel, Wahrnehmungsstörungen und Übelkeit. In Asien wird die Muskatnuss als Heilmittel zur Stärkung von Nerven und für die Verdauung eingesetzt, ein wenig frischgeriebener Muskat im Essen soll gegen Blähungen und Durchfall helfen. Als Einschlafhilfe eignet sich etwas geriebene Muskatnuss in warmer Milch, das beruhigt die Nerven. Aufgrund der Inhaltsstoffe wird die Muskatnuss immer mal wieder auch als Droge bzw. Suchtmittel gehandelt, und ab fünf bis zehn Gramm gemahlenem Muskat kann es tatsächlich auch zu halluzinogenen Effekten kommen. Das Ergebnis ist aber von Nuss zu Nuss unterschiedlich, daher gilt die Muskatnuss als eines der unzuverlässigsten Rauschmittel überhaupt. Bei andauerndem hohem Konsum kann zudem der Stoff Safrol die Leber schädigen und Krebs erregen.

Also: Es gibt keinen Anlass zu ernsthafter Sorge, wenn jemand versehentlich eine oder zwei Muskatnüsse herunterschluckt, egal, ob gemahlen oder im Ganzen – aber es gibt auch keinen guten Grund, es zu tun.

Grundsätzlich ist es richtig und wichtig, nicht einfach alles zu essen, was man runterschlucken kann. Viele Gartenbeeren, die sehr lecker aussehen, sind wirklich giftig, zum Beispiel: Rizinus, Kermesbeeren, Efeubeeren, Goldregen, Pfaffenhütchen, Stechpalmen, Seidelbast, Wandelröschen, Feuerbohnen, Korallenstrauch, Eibe, Faulbaum, Herbstzeitlosen.

Nur für den Notfall, der hoffentlich nie eintritt, hier noch die Telefonnummern der Giftnotrufzentralen:

Berlin   030 450 53555
          030 450 53565
          030 19240
Göttingen 0551 19240
Bonn   0228 287 3211
       0228 287 3333
Mainz   06131 19240
        06131 0700-GIFTINFO
Homburg/Saar 06841 19240
Freiburg   0761 19240
          0761 270 4361
Nürnberg   0911 398 2451
München   089 19240
Erfurt   0361 730 730
        0361 730 7311
Wien   01 4064343
Zürich   044 2515151

50 Vor dem Essen keine Süßigkeiten essen, sonst verdirbt man sich den Appetit

Stimmt.

Zuckerhaltige Speisen sorgen für ein sehr schnelles Sättigungsgefühl, das aber leider nicht lange anhält. Wenn man sich also vor dem Essen einen Schokoriegel reinschiebt, hat man beim Essen keinen so großen Hunger mehr – eine halbe Stunde später aber wahrscheinlich schon.

Süßigkeiten vor dem Essen lohnen sich also nur, wenn es etwas gibt, was man nicht ausstehen kann.

51 Keine Brombeeren oder Himbeeren im Wald pflücken und essen, sonst kann man einen Fuchsbandwurm bekommen

Stimmt nicht.

Prof. Peter Kern, Infektionsmediziner am Uniklinikum Ulm, sagt klar: «Es gibt keinen Beleg dafür, dass beim Verzehr von Waldbeeren ein Risiko besteht, sich mit dem Fuchsbandwurm zu infizieren.»

Fuchsbandwürmer sind maximal fünf Millimeter lang. Am Kopf haben sie Saugnäpfe, mit denen sie sich an der Darmwand des Fuchses festhalten, dann folgen drei bis fünf Körperglieder. Wenn diese voll mit reifen Eiern sind, werden sie abgestoßen und gelangen mit dem Kot in die Umwelt. In jedem Bandwurmglied befinden sich etwa 300 sehr kälte-, aber wenig hitzebeständige Eier.

Manchmal, wenn man besonders viel isst, bekommt man zu hören: «Du hast ja wohl einen Bandwurm.» Das ist aber eine andere Art Bandwurm, nämlich der Rinderbandwurm. Er kann bis zu zehn Metern lang werden, wohnt im Darm und frisst sich dort voll. Rinderbandwürmer beim Menschen sind in Europa sehr selten, dafür sorgt unter anderem die «Fleischbeschau», bei der die Gesundheit der geschlachteten Tiere überprüft wird.

Der winzige Fuchsbandwurm hingegen will eigentlich – wie sein Name schon sagt – in Füchsen leben. Deshalb darf man tote Füchse, wenn man sie im Wald oder auf der Straße findet, nicht anfassen. Dabei kann es tatsächlich zu einer Infektion kommen. Im Menschen entwickelt sich die Larve des Fuchsbandwurms sehr langsam. Bis erste Symptome zu erkennen sind, vergehen zehn Jahre!

Wegen dieser außerordentlich langen Inkubationszeit – der Zeit zwischen Infektion und Krankheitsausbruch – konnte man früher nicht genau sagen, wie die Fuchsbandwurmeier in den menschlichen Körper gelangt waren. Wer weiß schon, was man vor ungefähr zehn Jahren gegessen und angefasst hat!

Hat ein Mensch erst mal einen Fuchsbandwurm, so bilden sich auf der Leber, manchmal auch der Lunge oder dem Gehirn, sogenannte «Finnenbläschen», die in das befallene Gewebe hineinwachsen und das Organ zerstören können. Die Infektion ist also sehr gefährlich. Man kann den Krankheitsverlauf stoppen, muss dann aber für den Rest des Lebens Medikamente nehmen. Tut man das nicht, entsteht ein Netzwerk von Röhren in den befallenen Organen, sie werden also praktisch zu Schweizer Käse. Eine Operation ist dann nicht mehr möglich, und man stirbt meist an Leberversagen, weil die löchrige Leber das Blut nicht mehr von Giftstoffen befreien kann.

Heute weiß man, dass Menschen vor allem durch einen zu engen Kontakt zu Hunden oder Katzen – die ihrerseits befallen sein können – infiziert werden. Daher rät Prof. Kern: «Der Hund ist ein guter Wirt für den Fuchsbandwurm, deshalb müssen Hunde alle drei Monate entwurmt werden.» Und nach dem Streicheln unbedingt die Hände waschen.

In der Schweiz ist die Erkrankung mit dem Fuchsbandwurm meldepflichtig, dort erkranken von einer Million Menschen pro Jahr zwei. Selbst Förster, Waldarbeiter oder Jäger sind nur sehr selten betroffen.

52 Iss morgens wie ein Kaiser, mittags wie ein Edelmann und abends wie ein Bettler

Stimmt nicht.

Diese Regel stammt aus einer Zeit, in der die Menschen körperlich hart arbeiten mussten. Deshalb brauchten sie morgens möglichst viel Energie, um den Tag überhaupt durchstehen zu können. Sie sollten also morgens so üppig und reichhaltig wie möglich essen (wie ein Kaiser eben), mittags nochmal kräftig nachlegen (wie ein Edelmann, der sich nicht ganz so viel leisten kann wie ein Kaiser, aber immerhin), und abends... gab's ein Brot vor dem Zubettgehen, damit man nicht vor Hunger aufwacht.

Heute sieht das anders aus. Edith Reichert ist Diplom-Ökotrophologin und arbeitet beim AOK-Bundesverband. Die AOK ist eine große Krankenkasse (die Allgemeine Ortskrankenkasse), und eine Ökotrophologin ist eine Haushalts- und Ernährungswissenschaftlerin. («Oikos» ist griechisch und heißt Haus, «trophé» bedeutet Ernährung, und «logos» ist die Lehre.) Edith Reichert also sagt: «Entscheidend ist weniger, wie viel zu welchem Zeitpunkt gegessen wird. Wichtiger ist, dass die Tagesbilanz von Energieaufnahme und Kalorienverbrauch insgesamt stimmt. Früher haben viel mehr Menschen tagsüber schwer gearbeitet, sie hatten also schon morgens einen hohen Energiebedarf. Heute – bei vielfach sitzender Tätigkeit – reicht ein leichtes Frühstück aus. (Frühstücken ist aber wichtig, um die über Nacht geleerten Reserven wieder aufzufüllen.) Für viele Familien hat sich zudem das Abendessen als einzige Möglichkeit entwickelt, gemeinsam zu essen. Und oft wird dann eine warme Mahlzeit serviert. Viele Kinder und Erwachsene kommen auch besser mit fünfmal täglich

Essen aus, also drei Hauptmahlzeiten und zwei Zwischenmahlzeiten.»

Aufpassen muss man also nur, dass man nicht zu jeder der fünf Mahlzeiten isst wie ein Kaiser.

53 Zahnpasta nicht runterschlucken, davon wird man krank und bekommt Fieber

Stimmt nicht ganz.

Fieber bekommt man nur bei großen Mengen Zahnpasta.

Im Jahr 1901 entdeckten Forscher in einem Dorf bei Neapel seltsame Flecken auf den Zähnen der Bevölkerung. Sie vermuteten, dass dieses Phänomen mit dem Trinkwasser zusammenhängen könnte. Und tatsächlich: 1931 konnte man nachweisen, dass der hohe Fluoridgehalt des Wassers für die eigenartigen Zahnschmelzflecken verantwortlich war. Es handelte sich um die sogenannte «Fluorose», eine Überdosierung von Fluor. Es bilden sich kreidig poröse Flecken auf den Zähnen, und dann bröckelt der Zahnschmelz einfach ab.

In 95 Prozent aller Zahncremes ist heutzutage Fluor enthalten, denn dieser Stoff schützt in geringer Dosierung (1 Milligramm pro Tag) vor Karies. Nimmt man davon dauerhaft zu viel zu sich, kann es zu der Fluorose kommen. Drückt man sich einmal eine ganze Tube Zahnpasta in den Mund, sind sogar Vergiftungserscheinungen möglich: Erbrechen, Bauchschmerzen, Durchfall, Krämpfe, Fieber. Die tödliche Einzeldosis Fluorid beträgt bei Kindern etwa 35 Milligramm pro Kilo Körpergewicht. Bis zu 1500 Milligramm Fluorid pro Kilo Zahnpasta sind erlaubt, und in einer Tube sind etwa 75 Gramm Zahncreme, also höchstens 115 Milligramm Fluorid. Ein Kind von 20 Kilo Gewicht müsste also sechs Tuben Zahnpasta auslutschen, um die lebensgefährliche Menge Fluor zu sich zu nehmen. (Bitte nicht ausprobieren: Auch geringere Mengen können im Einzelfall, weil ja jeder Körper anders reagiert, zu schweren Vergiftungserscheinungen oder sogar zum Tod führen.)

Babyzahnpasta enthält extra keine Fluoride, weil kleine Kinder den Schaum meist herunterschlucken. Kinderzahnpasta enthält immer noch geringere Mengen Fluoride als Erwachsenenzahnpasta (und schmeckt besser, finde ich).

Zahnpasta zu essen, ist also wirklich gefährlich. Den Schaum herunterzuschlucken, außer für besonders empfindliche Zeitgenossen, nicht.

Wer zu den Bauchschmerzkandidaten gehört, kann auch auf fluoridfreies Zahnsalz oder Bio-Zahnpasta ohne Fluor-Beigabe ausweichen.

54 Wein ist nichts für Kinder, weil da Alkohol drin ist

Stimmt.

Wein wird zwar aus Traubensaft gemacht – aber er ist eben kein Traubensaft mehr! Der Traubensaft wird mit Hefe vermischt, und winzige Pilze wandeln den Fruchtzucker in Alkohol um.

Aber was ist das Problem mit dem Alkohol? Für den Menschen ist Ethanol giftig. Zu viel davon führt zu Schwindel, Übelkeit, Orientierungsstörung, Redseligkeit und gesteigerter Aggressivität. Noch mehr, und man stirbt an einer Alkoholvergiftung. Je leichter man ist, desto geringer die tödliche Dosis.

Aber es besteht nicht nur die Gefahr zu sterben. Man kann sich auch an Alkohol gewöhnen – und abhängig davon werden. Das schädigt auf die Dauer alle Zellen des Körpers, vor allem das Nervensystem und die Leber. In Deutschland sterben jährlich über 73 000 Menschen vorzeitig aufgrund ihres Alkoholmissbrauchs.

Warum trinken die Menschen dann überhaupt Wein und andere alkoholhaltige Getränke? Weil Alkohol auch (scheinbar) angenehme Effekte hat. Wenn man sich zum Beispiel große Sorgen um etwas macht, dann sorgt der Alkohol dafür, dass man diese Gedanken nicht weiterverfolgen kann, weil man betrunken ist. Die Gedanken torkeln dann genauso umher wie ein Betrunkener an der Bushaltestelle. Es ist, als ob man sich mit ausgebreiteten Armen im Nebel ganz schnell um sich selber dreht. Man vergisst seine Sorgen für einen Augenblick. Aber auch alles andere.

Alkohol löst das Problem nicht, mit dem man sich gerade herumplagt, man denkt bloß eine Weile nicht daran. Es gibt allerdings auch andere – drogenfreie – Möglichkeiten, das zu erreichen, Meditation zum Beispiel. (Echt. Ich hab's probiert. Man muss ein bisschen üben, aber es klappt.)

Natürlich bergen alle alkoholischen Getränke diese Gefahren (ebenso wie Weinbrandbohnen, Champagner-Trüffel und so weiter). Viel problematischer als Wein und Bier, die oft recht bitter schmecken, sind süße Getränke wie Sekt, Eierlikör oder «Alkopops», die fast wie Limonade schmecken.

Warum soll man die nicht trinken, selbst wenn es vielleicht andere auf einer Party tun? Viele Unfälle passieren, weil Menschen betrunken sind. Sie fallen die Treppe runter und brechen sich den Hals. Sie latschen lachend auf die Straße und werden angefahren. Sie radeln nach der Party nach Hause und können einem Baum nicht schnell genug ausweichen. Sie trinken zu viel und wachen im Krankenhaus mit ausgepumptem Magen wieder auf.

Sie werden alkoholsüchtig und machen all das immer wieder; sie können nicht anders, obwohl sie wissen, dass es keinen Spaß mehr macht.

Die Gefahr dafür ist umso größer, je früher man mit alkoholischen Getränken anfängt. Prof. Dr. Manfred Laucht, Leiter der AG Neuropsychologie des Kindes- und Jugendalters beim Zentralinstitut für Seelische Gesundheit der Klinik für Psychiatrie und Psychotherapie des Kindes- und Jugendalters in Mannheim, betont: «Zahlreiche US-amerikanische Studien haben einen engen Zusammenhang zwischen dem Einstiegsalter des Tabak- und Alkoholkonsums und dem Auftreten einer Substanzabhängigkeit belegt. Mit dem früheren Erstkonsum nahm das Risiko einer späteren Suchterkrankung und körperlicher Folgeschädigungen drastisch zu.» 40 Prozent derjenigen, die Alkohol erstmals vor dem 14. Lebensjahr konsumiert hatten, wurden alkoholabhängig. Das ist fast die Hälfte! Das liegt daran, dass die schädlichen Auswirkungen auf einen jungen, noch im Wachstum befindlichen Körper größer sind als später. Mit jedem Jahr, um das der Erstkonsum verzögert wird, vermindert sich das Abhängigkeitsrisiko um 14 Prozent.

55 Sauer macht lustig

Stimmt.

Bestimmte Nahrungsmittel können die Stimmung heben und die Konzentrationsfähigkeit verbessern. Ihre Inhaltsstoffe beeinflussen entweder direkt das Gehirn oder greifen indirekt in den Gehirnstoffwechsel ein und fördern die Produktion bestimmter Substanzen, die für gute Laune sorgen.

Wer im Alpenvorland wohnt, kann das ganz leicht selbst ausprobieren. Dort gibt es nämlich den Föhn, einen warmen Fallwind, der vielen Menschen gesundheitliche Beschwerden verursacht. Sie bekommen Kopfschmerzen, sind schlecht gelaunt, reizbar und nervös. Ein israelischer Föhnforscher rät, bei starkem Föhn einen sauren Hering zu essen. Aus dessen Inhaltsstoffen kann rasch Serotonin aufgebaut werden, das im Hirn die Laune bessert. Auch ein Stück Zitrone zu lutschen, kann gegen die Kopfschmerzen helfen.

Den gleichen Effekt kann man allerdings auch mit Süßigkeiten erreichen. Eigentlich müsste es heißen: Sauer und süß machen lustig – der ideale Gute-Laune-Kracher sind also «saure Gummis», die gleichzeitig süß und sauer schmecken.

Ursprünglich war das Sprichwort jedoch länger und hatte eine ganz andere Bedeutung. Es war einfach nur eine Beobachtung bei Tisch. «Sauer macht Appetit», hieß es nämlich um 1700: Saure Speisen fördern den Appetit, sie machen «gelüstig» auf das Hauptgericht. Sauer Eingelegtes war also die ideale Vorspeise, zum Beispiel Essiggurken oder Mixed Pickles, aber auch saure Heringe.

In unserem Körper befinden sich normalerweise die Säuren und ihre Gegenspieler, die sogenannten «Basen», im Gleichgewicht. Es kann jedoch auch zu einer «Übersäuerung» kommen, die beispielsweise zu Müdigkeit, Nervosität, Depressionen und Schlafstörungen führen kann. Eigenartigerweise wird eine Übersäuerung jedoch nicht ausgelöst durch zu viele zu saure Nahrungsmittel, sondern durch Fleisch, Zucker und Alkohol im Übermaß.

56 Beim Zähneputzen nicht das Wasser laufen lassen

Stimmt.

Natürlich soll man kein Wasser verschwenden. Es lassen sich zwar durch das Wasserabdrehen beim Zähneputzen leider nicht die Weltwasserprobleme lösen. Und es stirbt auch kein armes Kind in der Dritten Welt, weil man den Hahn aufgedreht lässt. Aber Sparen ist trotzdem besser als Verschwenden.

Wer sich die Zähne drei Minuten lang schrubbt und den Hahn voll aufgedreht lässt, jubelt knapp 40 Liter Wasser in die Kanalisation, ermittelte die Umweltschutzorganisation Greenpeace.

Was passiert eigentlich mit dem Wasser? Ist es für immer vergeudet? Oder kommt es irgendwann nochmal zu uns zurück? Die Antworten lauten in umgekehrter Reihenfolge: Ja. Nein. Folgendes.

Egal, wie lange man das Wasser beim Zähneputzen laufen lässt oder wofür man Wasser sonst verschwendet, die gut 1,4 Milliarden Kubikkilometer Wasser, die es ungefähr auf unserem Planeten gibt, werden nicht weniger.

Kleiner Einschub: Was ist ein Kubikkilometer? Ein kleiner Würfel, der einen Zentimeter hoch, einen Zentimeter breit und einen Zentimeter tief ist, ist ein Kubikzentimeter. Das bedeutet, alle Seiten des Würfels sind genau einen Zentimeter lang. Hat man einen Würfel, dessen Seiten jeweils zehn Zentimeter lang sind, dann passen da genau tausend von den kleinen Würfeln rein. Oder anders ausgedrückt: ein Liter.

Aber was ist jetzt ein Kubikkilometer? Ja, die penetranten Fingerschnipper wissen es schon: Ein Kubikkilometer ist ein riesiger Würfel, der einen Kilometer breit ist, einen Kilometer lang und einen Kilometer hoch. Von so einem Würfel 1,4 Milliarden Stück mit Wasser gefüllt ist die Menge Wasser, die es auf der Erde gibt. Anders gesagt: unvorstellbar viel. Das meiste davon ist natürlich in den Ozeanen, ein kleiner Teil ist gefrorenes Wasser in Gletschern und Eisbergen. Und der ganz kleine Rest – immer noch ungefähr 8,2 Millionen Kubikkilometer – verteilt sich auf Flüsse und Seen, Grundwasser und die Atmosphäre. Das ist also das Wasser, das uns und allen Tieren und Pflanzen zur Verfügung steht. Doch all das beantwortet immer noch nicht die Frage, was eigentlich mit dem Wasser passiert, wenn wir oder ein Tier oder vielleicht sogar eine Pflanze Wasser verbraucht haben.

Deshalb hier die Antwort. Sie lautet: Wasserkreislauf.

Und der geht so: Ein Hund pinkelt in den Wald. Der Urin versickert und mischt sich am Ende mit dem Grundwasser. Das Grundwasser speist einen See. Aus dem See pumpen die Wasserwerke Wasser heraus. Sie reinigen es und leiten es in die Rohre. Dann kommt es zu Hause aus dem Wasserhahn. Man füllt dem Hund die Schüssel mit Wasser, der schlabbert sie leer und pinkelt wieder in den Wald ...

Manchmal ist der Weg auch komplizierter, er führt durch Quellen und über Gletscher, Wasser verdunstet, und Wolken bilden sich, dann beginnt es zu schneien, und irgendwo steht ein kleines Kind, legt den Kopf in den Nacken, und das ehemalige Hundepipi klatscht ihm in dicken Flocken auf die Zunge.

Aber zurück zum Wasser beim Zähneputzen. Leider ist es so: Selbst wenn man hier Wasser spart, hat ein durstiges Kind in Äthiopien nichts davon, denn wie soll das unbenutzte Wasser von hier dorthin gelangen? Nein, das Wasser, das wir heute nicht verbrauchen, kommt einfach morgen aus dem Hahn. Die Wasserwerke empfehlen dennoch das Zähneputzen bei geschlossenem Hahn, weil sich durch den geringeren Verbrauch die Kosten reduzieren lassen: Eltern müssen weniger fürs Wasser bezahlen. Und zwar gleich zweimal, denn beim Wasser zahlt man einen Preis für das frische Wasser, das aus dem Hahn kommt, und dann bezahlt man nochmal die Abwassergebühr dafür, dass das (möglicherweise schmutzige) Wasser abläuft und wieder gereinigt und zu Trinkwasser aufbereitet wird.

Das Problem: Diese Aufbereitung kostet Energie, und wenn sauberes Wasser in die Kanalisation gelangt, vermischt es sich mit Abwasser und muss ebenfalls gereinigt werden. Das könnte man sich sparen. Zwar sind der Großteil der Wasserkosten sogenannte «Fixkosten», die immer gleich bleiben, egal, wie viel Wasser verbraucht wird. Das sind die Kosten für die Brunnen, Rohre, und Wasserwerke. Trotzdem ist es richtig, den Wasserhahn beim Zähneputzen zuzudrehen. Es spart vielleicht nicht viel Geld und nicht viel Wasser, aber es ist auf jeden Fall besser, als das Wasser einfach laufen zu lassen. Und wenn man jeden Tag morgens, mittags und abends tatsächlich jeweils 40 Liter spart, sind das an einem Tag 120 Liter und in einem Jahr 43 800 Liter bzw. 43,8 Kubikmeter, die zum Beispiel in Hamburg rund 150 Euro kosten! Da ist dann auch locker eine Taschengelderhöhung drin.

57 Kinder reden nur, wenn sie gefragt werden & Wenn Erwachsene sich unterhalten, müssen Kinder still sein

Stimmt nicht.

Solche Regeln gehören ohne Zweifel zur autoritären Erziehung. Auch sehr beliebt: «Eine Ohrfeige hat noch keinem geschadet.»

Wie kommt es zu solchen Regeln?

Vor noch nicht allzu langer Zeit wurden Eltern noch mit «Sie, Herr Vater» angesprochen und kümmerten sich überhaupt nicht um ihre Kinder, sondern überließen das der Kinderfrau. Kinder und Eltern gingen höchstens mal am Sonntag zusammen in die Kirche und aßen danach den Sonntagsbraten. Die Kinder waren ganz besonders fein angezogen und sollten sich sehr, sehr gut benehmen. Und wie stellten sich diese ungeübten Eltern das vor? Genau: Ruhe bitte!

Für die Eltern damals war völlig selbstverständlich, dass getan wurde, was sie befahlen. Man nennt das «autoritäre Erziehung».

Heute verstehen sich Eltern und Kinder meistens besser als damals, und kaum jemand hat noch eine Kinderfrau. Dennoch greifen manche Eltern immer noch in die Mottenkiste, wenn sie mal ihre Ruhe haben wollen. Eine inhaltliche Begründung für solche Sprüche gibt es nicht, sie sollen einfach nur das von den Eltern gewünschte Verhalten festhalten. Der Berufsverband der Kinder- und Jugendärzte kritisiert: «Autoritäre Eltern üben eine starke Kontrolle auf ihre Kinder aus. Die Meinung des Nachwuchses wird zwar akzeptiert, letzten Endes bestimmen aber die Eltern. Die Kinder haben nur wenige Möglichkeiten, sich frei zu entfalten, und werden stark eingeengt.»

Heute rät man im Gegenteil, dass Eltern ihre Kinder ermuntern sollten, zu erzählen, was sie bewegt, und dass sie selbst mehr und aufmerksamer zuhören müssten. Die Schweizer Religionspädagogin Vreni Merz stellte fest: «Dass es für die gesunde Entwicklung von Kindern unablässig ist, ihnen aktiv zuzuhören, ist den Erziehenden oft zu wenig bewusst.» Und sie rät Eltern: «Zeigen Sie Interesse», denn gerade «was wir nicht unbedingt gern hören, müssten wir aber umso aufmerksamer aufnehmen». «Hören Sie mit dem Herzen» und «denken Sie über das Gehörte nach».

Umgekehrt bemerkt Dr. Martin R. Textor vom Staatsinstitut für Frühpädagogik in München: «In problembelasteten Familien ist die verbale Kommunikation zumeist ineffektiv sowie qualitativ und quantitativ unzureichend.» Heißt: Wenn Eltern und Kinder (oder Eltern untereinander oder Kinder untereinander) sich nicht gut verstehen, dann reden sie nicht vernünftig miteinander und hören auch nicht richtig zu.

Natürlich bedeutet das alles nicht, dass man als jüngerer Mensch einfach dazwischenreden darf. Das würde in den Bereich des unhöflichen Benehmens fallen und das Zusammenleben unnötig erschweren. Und das muss ja nicht sein.

58 Nicht rülpsen & Nicht furzen

Stimmt nicht.

Man sagt ja: «Der Rülpser ist ein Magenwind, der nicht den Weg nach hinten find't.» Rülpsen und Furzen ist also fast dasselbe, nur in verschiedene Richtungen.

Wenn man rülpsen oder pupsen muss, ohne es zu wollen, dann kann das natürlich ganz schön peinlich sein. Aber gesundheitsschädlich ist es nicht.

Das ist natürlich ein Glück für alle diese Typen, die auf Befehl rülpsen können. (Ja, die Gerüchte stimmen: Ich kann den Satz des Pythagoras rülpsen.)

Für das Rülpsen ist Luft im Magen verantwortlich. Die nehmen wir immer auf, wenn wir etwas essen oder trinken, aber nur in sehr kleinen Mengen. Wenn man hingegen eine Limonade trinkt, dann blubbert die ja vor lauter Kohlensäure, und ein großer Teil davon gelangt auch in den Magen. Dort steigen – wie in Limonade im Glas – die Gasbläschen nach oben. Wenn sich viel Luft ansammelt, drückt sie von unten gegen die Magenwand. Dann öffnet sich eine kleine Klappe zwischen Magen und Speiseröhre, und die Luft wandert die Speiseröhre wieder hoch. Dabei zieht sie an unseren Stimmbändern vorbei, und erst das verursacht den lauten Rülps-Ton. Deshalb rülpst man auch lauter, wenn man den Mund aufhat.

Wenn jemand absichtlich rülpsen will, muss er bloß ganz viel Luft herunterschlucken, die gleich wieder, noch bevor sie den Magen überhaupt erreicht, die Speiseröhre emporwandert. In meiner Familie gibt es auch jemanden, der ganz toll und laut rülpsen kann. Nur mag meine Mutter es nicht so, wenn ich das mache.

Rülpsen kann man übrigens nur, wenn man aufrecht sitzt oder steht, nicht im Liegen oder gar im Handstand. Ich wollte das zuerst auch nicht glauben, hab dann aber im Selbstversuch fast gekotzt, als im ich Handstand Luft aus meiner Luftröhre rausdrücken wollte. (Essen und trinken kann man übrigens, weil der Schluckreflex so stark ist, auch über Kopf. Rein geht also immer.)

Bei uns in Deutschland gilt Rülpsen heutzutage als unfein, früher – zu Luthers Zeiten, also um 1500 – zeigte man so, dass einem das Essen geschmeckt hat.

Was bei Kindern so streng getadelt wird, ist bei Babys ungerechterweise ausgesprochen erwünscht. Man nimmt sie nach dem Trinken auf den Arm, sodass ihr Bauch etwas auf der elterlichen Schulter liegt, und klopft ihnen leicht auf den Rücken. Dann rülpsen sie die ganze Luft heraus, von der sie sonst Bauchschmerzen bekämen (und oft kommt auch gleich ein ganzer Mundvoll Milch mit raus). Wenn Babys Bauchschmerzen haben, weinen sie, und das nervt die Eltern. Deshalb ist für sie erlaubt, was Teenagern verboten wird, aber man nennt es ja auch nicht derbe «rülpsen», sondern freundlich «Bäuerchen machen».

Gesundheitlich ist aber auch bei größeren Kindern und sogar Erwachsenen nichts gegen das Rülpsen einzuwenden. Nur wenn man ganz viel rülpst, dann kriegt man manchmal trotzdem Bauchweh, weil doch ein bisschen Luft im Bauch stecken bleibt. Die quält sich dann durch den Darm und kommt irgendwann hinten heraus, als Furz.

Außerdem gibt es noch zwei weitere Ursachen für Pupse: Gasbildung im Darm und Abgabe von Gasen aus dem Blut in den Darm. Wissenschaftlich bewiesen ist: Etwa 15 Fürze am Tag sind ganz normal. Jedes Mal werden etwa 40 Milliliter Gas ausgeschieden, von denen 99 Prozent geruchslos sind (u. a. Stickstoff, Sauerstoff, Kohlendioxid, Wasserstoff, Methan). Das verbliebene eine Prozent besteht aus stinkigem Schwefelwasserstoff oder Methylsulfat. Da Methan und Wasserstoff brennbare Gase sind, ist es tatsächlich möglich, einen Furz anzuzünden. Das kann aber eine sehr schmerzhafte Erfahrung sein!

Wenn man starke Blähungen hat, ist das nicht nur für Freunde und Angehörige unangenehm, sondern tut oftmals auch weh. Aber man kann viel tun, um übermäßige Gasbildung im Darm zu vermeiden. Vor allem in Bohnen sind Oligosaccharide, die der Körper nicht verdauen kann und die daher von Bakterien im Darm verarbeitet werden (und dabei entsteht Gas). Darum sagt man ja auch: «Jedes Böhnchen gibt ein Tönchen.» Neben Bohnen sind auch Kohl, Brokkoli, Zwiebeln, Äpfel, Birnen, Aprikosen, Pflaumen, Kartoffeln, Getreide, Tiefkühlkost und kohlensäurehaltige Getränke fein für Fürze.

Süßstoffe und Diätprodukte sorgen ebenfalls für Blähungen. Denn der «Light»-Effekt entsteht genau dadurch, dass viele unverdaubare Bestandteile enthalten sind – doch die sind Futter für die gasproduzierenden Bakterien.

Das wäre natürlich ideal gewesen für die sogenannten «Wind-Künstler». Der berühmteste unter ihnen, Monsieur Pujol, soll in den zwanziger Jahren des vergangenen Jahrhunderts im Pariser Nachtclub «Moulin Rouge» den Radetzkymarsch gefurzt haben. Ein echter Kracher!

Kanadische und schottische Forscher haben zudem nachgewiesen, dass Heringe sich sogar mittels Fürzen unterhalten! Sie drücken Luft aus der Schwimmblase in den Analtrakt und erzeugen so pulsierende Töne, die zwischen 1,7 und 22 Kilohertz liegen (das sind immerhin drei Oktaven) und bis zu 7,6 Sekunden dauern können.

Das wäre mal eine tolle Alternative zu diesen nervigen, batteriebetriebenen singenden Fischen, die sich manche Menschen an die Wände hängen.

59 Wie man in den Wald hineinruft, so schallt es heraus

Stimmt.

Diese Redewendung beschreibt ein bekanntes physikalisches Phänomen, das Echo. Ruft man in einen Wald, eine Schlucht oder eine Höhle hinein, so hallt nach einiger Zeit das Echo zurück. Da das Echo nur wiederholt, was man selbst gerufen hat, schallt natürlich heraus, was man hineinrief.

Mit einer Einschränkung, die es ebenfalls zum (wenngleich etwas unbekannteren) Sprichwort geschafft hat: «Wenn man in den Wald ruft: nimmer, so ruft das Echo: immer.» Das Echo ist keine exakte Kopie unseres Rufes, sondern nur der verbliebene Rest des zurückgeworfenen Schalls.

Viele Sprichwörter sind dem Wald- und Jagdleben entlehnt. Sie stammen aus einer Zeit, in der Jagd und Wald noch eine wichtigere Rolle im Alltag spielten. So konnte man Volksweisheiten und Erfahrungen an einfachen, für jedermann verständlichen Beispielen darstellen.

Verwendet wird der Spruch meistens, wenn jemand unfreundlich war – und die Reaktion ebenso unfreundlich ausfällt. Schreist du mich an, schrei ich dich an. Oder, umgekehrt gedacht: Wer etwas erreichen möchte, sollte freundlich fragen, um eine freundliche Antwort zu erhalten.

Auch dafür gibt's ein Natursprichwort: Mit Honig fängt man Fliegen.

60 Nicht aus Spaß um Hilfe schreien

Stimmt.

Das wussten schon die Menschen vor 2000 Jahren. Denn der berühmte griechische Dichter Äsop schrieb unter anderem die Geschichte vom Hirten, der aus Spaß «Hilfe, der Wolf ist da!» schrie. Die Leute im Dorf hörten den Schrei, rannten zum Hirten, um ihm zu helfen, und merkten dann sehr schnell, dass der Hirte nur einen Witz gemacht hatte. Das kam bei der Dorfbevölkerung gar nicht gut an. Als der Hirte wieder allein mit seiner Herde war, kam wirklich der Wolf! Wieder schrie der Hirte um Hilfe, aber dieses Mal eilte niemand herbei, weil alle dachten: «Ja, ja, nochmal fallen wir nicht darauf rein!» Pech für den Hirten.

Also: Nicht aus Spaß um Hilfe schreien, sonst könnte es passieren, dass keiner kommt, wenn es wirklich ernst ist.

Außerdem: Absichtlich einen falschen Notruf zum Beispiel bei der Polizei zu tätigen, ist laut Strafgesetzbuch sogar verboten, Paragraph 145 regelt «Missbrauch von Notrufen und Beeinträchtigung von Unfallverhütungs- und Nothilfemitteln». Dafür gibt's eine satte Geldstrafe (plus die Rechnung über die Einsatzkosten) oder sogar eine Gefängnisstrafe von maximal zwei Jahren.

61 Nicht aus Spaß die Feuerwehr rufen

Stimmt.

Und zwar aus mehreren Gründen: Ein Feuerwehreinsatz kostet Geld und Zeit. Wenn die roten Wagen mit Blaulicht durch die Straßen rasen, bedeutet das immer auch eine Gefährdung anderer Verkehrsteilnehmer. Und vor allem: Wenn es wirklich irgendwo brennt und Menschen tatsächlich in Not geraten sind, müssen diese länger auf die Feuerwehr warten.

In Berlin beispielsweise wurden im Jahr 2006 über 270 000 Einsätze gefahren. Dazu kamen etwa 30 000 Fehleinsätze, von denen wiederum rund 1000 böswillig waren. Das macht im Schnitt etwa 850 Einsätze täglich. Sven Gerling von der Berliner Feuerwehr erklärt: «Die Kosten für einen solchen Fehleinsatz betragen um 1000 Euro, und falls Dritte zum Beispiel durch Unfälle oder Wartezeiten zu Schaden kommen, entstehen auch noch Schadensersatzansprüche. Wir erstatten in solchen Fällen natürlich Anzeige.» Heißt: Die Eltern müssen zahlen.

Und zwar auch dann, wenn man auf die tolle Idee kommt, vom Handy oder mit unterdrückter Rufnummernanzeige ein Fahrzeug anzufordern. Denn, so Gerling: «Unsere moderne Feuerwehrleitstelle erkennt zu jedem Anruf die Telefonnummer, auch unterdrückte Nummern werden angezeigt. Ferner verfügen wir über eine umfangreiche Datenbank, die uns zu Festnetzanschlüssen überwiegend die Adressen mitliefert.» Das hat natürlich auch seine guten Seiten: Wenn ein Anrufer nicht weiß, wo er ist oder wegen der Rauchentwicklung schon kaum ein Wort mehr sprechen kann, weiß die Feuerwehr trotzdem, wo sie hinmuss. Bei Mobilfunknutzern besteht die Möglichkeit, Standorte abzufragen, um herauszubekommen, wo der Anrufer sich befindet.

Natürlich ist es spannend, wenn die Feuerwehr an einem vorbeirast, wenn es irgendwo brennt und wenn die Feuerwehrleute jemanden retten. Da sind fast alle Menschen gleich. Deshalb bieten viele städtische Feuerwehren Brandschutzerziehung an. Hier lernt man, wie man sich in einem Notfall zu verhalten hat und wann man die Feuerwehr wirklich rufen muss. Außerdem ist es oft auch möglich, am Tag der offenen Tür oder nach Terminabsprache, eine Feuerwache zu besuchen. Gerling: «Wir öffnen unsere Türen, damit man die Möglichkeit hat, in Ruhe die schönen roten Autos zu betrachten, und nicht böswillig die Feuerwehr anruft, nur um unsere Autos sehen zu können.»

62 Vom Schreien wird es nur noch schlimmer

Stimmt nicht.

Schreien macht es sogar leichter, den Schmerz zu ertragen! Prof. Dr. med. Hartmut Göbel von der neurologisch-verhaltensmedizinischen Schmerzklinik in Kiel erklärt: «Das Schreien bei Schmerzen ist eine sinnvolle Schutzfunktion und Teil eines angeborenen Gesundheitsverhaltens. Kinder tun es, Tiere tun es. Die menschliche Sozialisation in unserem Kulturkreis hat uns das aberzogen. Schmerzen zu ertragen läutert. Sterben muss weh tun. Entbehrungen und Leiden sind pädagogisch wertvoll... Der Satz ‹Wenn du schreist, wird es nur noch schlimmer› gehört zu dieser Kategorie. Ertrage geduldig, leide leise, leide dahin. Notärzte wissen: Verletzte, die schreien, kommen am ehesten durch. Die Ruhigen sind in höchster Gefahr.»

«Schreitherapie» hilft also wirklich!

63 Lügen haben kurze Beine

Stimmt nicht ganz.

Mit Lügen kommt man nicht weit. Das ist ein Erfahrungswert.

In der Bibel steht noch viel dramatischer: «Du sollst nicht falsch Zeugnis reden wider deinen Nächsten.» Das ist das neunte Gebot.

Warum aber lügen wir überhaupt? Psychologen ermittelten, dass Menschen durchschnittlich alle sieben Minuten einmal die Unwahrheit sagen. So kommt man am Tag auf weit über 100 Lügen, wenn man viel mit anderen Leuten zu tun hat.

Es geht ja schon los, wenn einer fragt: «Wie geht's?»

Soll man darauf wirklich ehrlich antworten? Will der andere es wirklich wissen? Will ich es wirklich sagen? Nein, nein und nochmal nein.

Eine Untersuchung an amerikanischen Schulen hat ergeben, dass Schüler, die Aufschneidereien und Schwindeleien offenlegen, eher unbeliebt sind. Die Schwindler hingegen waren besonders beliebt und erfolgreich. Das Sprichwort stimmt – wörtlich genommen – also gar nicht. Mit Lügen kann man ganz schön weit kommen.

Aber es ist riskant, zu lügen, denn es kann leicht auffliegen. Daher gibt es reichlich ähnliche Sprichwörter zum Thema: «Die Lüge braucht Gedächtnis, aber sie hat keine Füße», «Die Lüge geht auf schwachen Beinen», «Die Lüge hat ein Bein zum Gehen, die Wahrheit zwei zum Stehen», «Lügen sind schnell, aber die Wahrheit fasst sie doch noch beim Zopf», «Einen Lügner holt man schneller ein als einen hinkenden Hund».

So sieht's aus. Weil Lügen so leicht auffliegen können, sind sie höchst riskant.

64 Einem geschenkten Gaul schaut man nicht ins Maul

Stimmt.

Alter und Zustand eines Pferdes werden auch heute noch zuerst durch einen Blick ins Maul festgestellt. Denn durch das Fressen von Körnern und Halmen werden die Zähne abgerieben. Daran kann man erkennen, wie viele Jahre das Pferd schon auf dem Buckel hat und ob es gesund ist. Ein kundiger Gutachter kann das Alter eines Pferdes bis auf zwei Jahre genau angeben. Auch Krankheiten und falsche Ernährung lassen sich an dem Blick ins Maul erkennen.

Erst seit kurzem wird allen Pferden ein Chip implantiert, in dem Lebensnummer, Geburtsdatum und Herkunftslinie verzeichnet sind. Ein Brandzeichen mit denselben Informationen am linken Hinterschenkel dient zur Kontrolle.

Wollte man also früher ein Pferd kaufen, musste man ihm ins Maul schauen. Bekam man jedoch ein Pferd geschenkt, wäre es unhöflich gewesen, gleich die Qualität des Geschenks beurteilen zu wollen – deshalb schaut man dem geschenkten Gaul eben nicht (oder jedenfalls nicht gleich) ins Maul. Nicht meckern über Geschenke, die einem nicht gefallen, soll das heißen.

Im Französischen gibt es ein gleichlautendes Sprichwort, «A cheval donné, on ne regarde point à la bouche», das darauf zurückgeht, dass der spanische Soldat Calvo, ein Pferdenarr, von König Ludwig XIV. um sein Lieblingspferd gebeten wurde. «Sire», erwiderte der brave Krieger, «fordern Ihre Majestät meine Gattin, ich werde sie Ihnen geben, aber lassen Sie mir mein Pferd.» Darauf der König: «Ihre Frau hat ja keine Zähne mehr.» Calvo: «Das stimmt, Sire, aber einem geschenkten Gaul schaut man nicht ins Maul.» Woraufhin der König in schallendes Gelächter ausbrach.

An der Sache ist was dran. Ein Bekannter von mir hat eine Tante, die ihm einmal eine Dünndruckausgabe der gesammelten Werke Schillers geschenkt hat. Wollte er nicht lesen, konnte er nicht brauchen. Hat er aber verkauft – und von dem Geld dafür stellte er sich die erste eigene Schreibmaschine auf den Tisch. Heute schreibt er Bücher. Das Geschenk war gut gemeint, und er konnte es «umtauschen».

Also nicht meckern, sondern höflich bleiben und das Beste daraus machen.

65 Nicht am Finger lutschen, sonst hat man später schiefe Zähne

Stimmt. Für Kinder nach dem Säuglingsalter.

Kieferorthopäden sind sich einig: Die Entwicklung bis zum fertigen Gebiss kann durch viele Dinge gestört werden, darunter auch das Lutschen am Daumen oder anderen Fingern. Man sagt, solange Kinder gestillt werden und Brei oder pürierte Nahrung essen, dürfen sie auch am Finger lutschen. Aber etwa um den dritten Geburtstag herum sollte damit Schluss sein. Denn auf die Dauer kann das Lutschen sowohl die Zahnreihen als auch den Kiefer selbst deformieren. Der Finger wirkt dabei als sogenannter «Stemmkörper», der die oberen Schneidezähne nach vorn quetscht.

Kriegen alle Kinder, die am Finger lutschen, schiefe Zähne? Nein. Aber man kann leider vorher nicht sagen, wer verschont bleibt und wer nicht.

Richtiges Saugen an den Fingern verschlimmert die Lage noch, weil der Oberkiefer sozusagen nach innen gesogen und «schmal gelutscht» wird. Diese Probleme treten übrigens nicht nur beim Lutschen am Finger auf, sondern bei jedem Fremdkörper, vom Schnuller bis zur Playmobilfigur. Das Lutschen wird ausgelöst durch den Ernährungstrieb. Babys können noch nicht essen, sondern nur trinken, an der Brust oder aus der Flasche. Saugen, Nuckeln und Lutschen sind also etwas Angenehmes und Beruhigendes. Darum können viele Kinder auch mit einem Schnuller leichter einschlafen. Wer nach dem zweiten Geburtstag noch regelmäßig einen Schnuller braucht oder am Daumen lutscht und warum, darüber reden sich Experten die Köpfe heiß. Aber sie wissen es nicht wirklich. Es ist einfach so: Der eine kann gut ohne Fingerlutschen einschlafen, der andere kann unheimlich schnell rennen. Jedem fällt etwas anderes schwer oder leicht.

Die elterliche Abneigung gegen das Daumenlutschen hat eine lange Tradition. Eines der bemerkenswertesten Beispiele von Pädagogik ist Heinrich Hoffmanns «Geschichte vom Daumenlutscher» aus dem *Struwwelpeter* (1846): «Und vor allem, Konrad, hör/Lutsche nicht am Daumen mehr/Denn der Schneider mit der Scher/kommt sonst ganz geschwind daher», sagt die strenge Mutter zu ihrem Sohn, und als er das nächste Mal den Daumen in den Mund steckt, hechtet tatsächlich ein Schneider mit einer Riesenschere ins Zimmer und: «Weh! Jetzt geht es klipp und klapp/mit der Scher die Daumen ab», und als die Mutter zurückkehrt, guckt Konrad traurig, denn «ohne Daumen steht er dort/die sind alle beide fort». Damals nannte man so etwas «lustige Geschichten und drollige Bilder für Kinder von 3–6 Jahren». Und auch ich bin damit groß geworden und hatte meinen Teil an schlaflosen Nächten (siehe dazu auch Regel 28).

Auch heute noch versuchen besorgte Eltern mit den abenteuerlichsten Methoden, ihren Kindern eine Zahnspange zu ersparen: Sie ziehen ihnen Fausthandschuhe an, nähen die Nachthemdärmel zu oder lackieren die Fingernägel mit eklig schmeckender Farbe. Meistens ohne großen Erfolg.

Hilfreich kann es sein, ein Gesicht auf den Lutschfinger zu malen. Dieser kleine Spielkamerad will schließlich nicht in der dunklen Mundhöhle einfach so verschwinden!

Es gibt allerdings auch gute Gründe, an den Fingern zu lutschen. Zum Beispiel, wenn man gerade genüsslich ein Grillhähnchen verspeist und keine Serviette zur Hand hat.

66 Von Süßigkeiten bekommt man schlechte Zähne

Stimmt.

Ohne Zucker entsteht keine Karies. Die karieserzeugenden Bakterien brauchen ihn, um die klebrigen Strukturen auszubilden, mit denen sie sich am Zahn anheften. Und sie ernähren sich auch vom Zucker. Dabei fällt als Abbauprodukt Milchsäure an, die langsam die Zähne auflöst und zu den typischen Löchern führen kann.

Heutzutage sind 99 Prozent der Menschen von Zahnfäule betroffen. Das war aber nicht immer so. Vor 10 000 Jahren war Karies noch eine seltene und unbedeutende Krankheit. Ja, Karies ist kein Schicksal, sondern eine ansteckende Krankheit wie Masern oder Grippe. Und ist man einmal infiziert, wird man sie nie mehr los. Bis zu 250 verschiedene Bakterien finden sich in der Mundhöhle – Streptococcus mutans, ein rundes, unbewegliches Kleinstlebewesen, das die Karies verursacht –, aber nicht von Anfang an. Meistens wird es durch Löffel- oder Schnullerablecken von den Eltern übertragen. Der wichtigste Faktor bei der Verbreitung von Karies war Mitte des 18. Jahrhunderts der großflächige Beginn von Zuckerrübenanbau in Europa. Zucker ist – zusammen mit den Kariesbakterien – der wirksamste Zahnkiller überhaupt, und seit damals war er leicht und preiswert erhältlich.

Je mehr Zucker die Bakterien bekommen und je länger er im Mund bleibt, desto mehr Karies entsteht. Deshalb ist es also besser, viele Süßigkeiten auf einmal zu essen (und sich danach gründlich die Zähne zu putzen), als eine Tüte Bonbons über den ganzen Tag verteilt. Wenn man einmal nicht Zähne putzen kann, sollte man wenigstens ein zuckerfreies Kaugummi kauen. Das reinigt die Zähne zwar nicht, neutralisiert aber die Säuren im Mund.

Denn es sind ja weder die Kariesbakterien selbst, die Löcher in die Zähne fressen, noch ist es der Zucker – es sind die Milchsäuren. Man schätzt, dass Kaugummis die Phase, in der Säuren den Zahnschmelz schädigen, auf die Hälfte verkürzen.

Äpfel hingegen, die manchmal sogar als «Zahnbürste der Natur» bezeichnet werden, enthalten Fruchtzucker, und den mögen die Kariesbakterien genauso gern wie weißen Zucker. (Der Vorteil des Apfels besteht nur darin, dass ein Apfel natürlich weniger Zucker enthält als eine Handvoll Bonbons.)

Wenn schon Süßigkeiten, dann am besten die mit dem «Zahnmännchen», einem lächelnden Zahn mit einem Regenschirm. Sie werden in Universitätsinstituten untersucht und erhalten ein Unbedenklichkeits-Zertifikat. Zu viel davon sollte man allerdings auch nicht essen, sonst kann man Durchfall oder Blähungen bekommen.

Noch schlimmer als Zucker allein ist es natürlich, wenn man Zucker und Säure gleich zusammen zu sich nimmt. Das macht den Zahnfressern die Arbeit leichter. Die meisten Lutscher und Bonbons enthalten neben Zucker auch Fruchtsäuren – für die Zähne doppelt schädlich. Und Limonadengetränke sind sogar eine der Hauptursachen für Zahnschäden bei Teenagern, denn darin sind Kohlensäure (und etliche andere Säuren, zum Beispiel Phosphorsäure in Cola) und Zucker enthalten, und sie umspülen die Zähne bis in den letzten Zwischenraum. Da man diese Zwischenräume mit der Zahnbürste nicht richtig sauber kriegt, raten Zahnärzte zur Verwendung von Zahnseide.

Das Gerücht, ein Zahn würde sich über Nacht in einem Glas Cola auflösen, ist jedoch falsch. In einer Sendung von «Wissen macht Ah!» haben wir es ausprobiert: Wir haben einen ausgefallenen Zahn in ein Glas Cola gelegt – nach ein paar Tagen war er außen matt, das schon, aber er war noch da. Noch nicht mal ein Stück Fleisch löst sich über Nacht auf. Das Gerücht geht wohl auf einen Versuch an einer amerikanischen Universität zurück: Dort stellte man fest, dass die Zähne von Ratten, die nur Cola zu trinken bekamen, innerhalb eines halben Jahres fast vollständig verschwunden waren.

Wenn man aber gern die eigenen Zähne noch eine Weile behalten möchte, kann man dafür etwas tun: Nach jeder Mahlzeit gründlich die Zähne putzen! Mindestens zwei Minuten lang, damit auch alle Zahnflächen sauber werden. Nicht wild schrubben, sonst verletzt man das Zahnfleisch. Alle sechs Monate sollte man zur Kontrolluntersuchung zum Zahnarzt gehen – der zeigt auch gern nochmal, wie man am besten putzt, und was man mit Zahnseide alles anstellen kann, gleich mit.

67 Vom Schwindeln bekommt man eine lange Nase

Stimmt nicht.

Zum Glück! Denn wer kennt nicht diese Situation: Es ist Mittagszeit, und wieder mal gibt es mehlige Kartoffeln mit weichgekochten Möhren. Nach ein paar Bissen ist man schon satt, aber irgendwie erwartet jeder Erwachsene, dass man seinen Teller leer isst (siehe Regel 43). Da bleibt einem nichts anderes übrig, als in einem unbeobachteten Moment eine Ecke des Teppichs hochzuheben und den Rest der Möhren und Kartoffeln darunter verschwinden zu lassen. Der Teller ist leer, und alle sind glücklich. (Ich weiß, es klingt ekelhaft, aber in meiner Familie gibt es tatsächlich jemanden, der das gemacht hat.)

Dummerweise fängt Essen unterm Teppich ziemlich schnell an zu stinken. Woraufhin der ein oder andere Erziehungsberechtigte fragen wird: «Ralph, hast du das Mittagessen wieder unter dem Teppich verschwinden lassen?» Jeder, der «natürlich nicht» antwortet, muss mit dem Spruch rechnen, der diesem Kapitel seinen Titel gegeben hat: «Wer schwindelt, bekommt eine lange Nase!»

Das ist natürlich ein billiger, elterlicher Trick. Denn wer sich daraufhin an die Nase fasst, nur um sicherzugehen, dass sie nicht größer geworden ist, hätte eigentlich auch sofort mit der Wahrheit rausrücken können. Denn der Griff an die Nase ist für Eltern so viel wert wie ein ordentliches Geständnis. Nach dem Motto: Wer nicht lügt, hat auch keinen Grund, seine Nasengröße zu überprüfen. Ja, elterliche Logik treibt manchmal seltsame Blüten. Deshalb schreibe ich es ganz langsam: Die. Größe. Der. Nase. Lässt. Sich. Nicht. Durch. Lügen. Verändern. Punkt. Zumindest nicht sichtbar.

Denn: Wer lügt, atmet schneller, und dessen Herz schlägt schneller. Deshalb wird auch mehr Blut durch die Adern gepumpt, und die kleinen Blutgefäße erweitern sich. Und dadurch schwillt die Nase ein wenig an. Aber so wenig, dass man es nicht sehen und auch kaum messen kann.

Woher aber kommt dann diese immer wieder gerngehörte Regel? Die erste schriftliche Erwähnung findet sich in einem Buch von Carlo Collodi aus dem Jahr 1878. Den meisten wird das Buch sehr bekannt sein – zumindest wurde es schon ein paarmal verfilmt. Es heißt *Pinocchio*. Für die, die noch nie etwas davon gehört haben: *Pinocchio* erzählt die Geschichte von Pinocchio – wer hätte das gedacht! –, einer kleinen Holzpuppe, die von zu Hause wegläuft, viele gefährliche Abenteuer durchsteht, wieder nach Hause zurückkehrt, wo eine gute Fee den seligsten Wunsch der Holzpuppe erfüllt: Sie verwandelt Pinocchio in einen echten Jungen.

Eine der Besonderheiten Pinocchios war seine Nase. Immer wenn Pinocchio log, wurde sie lang und länger. Das muss vielen Eltern so gut gefallen haben, dass sich diese Regel zusammen mit Collodis Buch in der ganzen Welt verbreitete. Wahrscheinlich war das von Collodi genau so geplant: Es scheint, als wollte er mit seiner Idee Kinder zu mehr Ehrlichkeit erziehen.

Dabei ist es so, dass Kinder das Lügen erst lernen müssen. Denn Lügen ist eine ziemlich große Leistung des Gehirns: Zum einen muss die Unwahrheit so erzählt werden, dass sie glaubwürdig erscheint, während zum anderen die Wahrheit gedacht und zur selben Zeit unterdrückt wird. Und dann sollte das auch noch relativ unauffällig ablaufen – ohne verräterisches Stammeln und ausweichende Blicke. Erst im Alter von ungefähr vier Jahren beginnen Kinder, ganz bewusst zu lügen. Vorher können sie noch nicht zwischen ihrer Fantasie und der Wirklichkeit unterscheiden – also auch nicht lügen. (Ganz im Gegensatz zu vielen Erwachsenen, die teilweise auch nicht zwischen Fantasie und Wirklichkeit unterscheiden können, den anderen Teil aber schon so

perfektioniert haben, dass sie sich sogar selbst belügen können, ohne es zu merken.)

Mit steigendem Alter – und ständigem Training – kommt das Gehirn mit dem Lügen immer besser zurecht. Irgendwann fallen einem die täglichen kleinen Lügen, die zum Beispiel für ein freundliches Miteinander sorgen, gar nicht mehr auf: «Doch, die Kartoffeln haben Sie prima hingekriegt!» Ohne die täglichen kleinen Lügen wäre die Welt wahrscheinlich ein grausamerer Ort. Dass man lügen kann, zeugt also von einer gewissen geistigen Reife und auch von sozialer Intelligenz – zwei tolle Begriffe, die jede Diskussion mit den Eltern übers Lügen ziemlich schnell beenden sollten.

Daran kann man also sehen: Vom Schwindeln bekommt man keine größere Nase. Wenn überhaupt etwas wächst, dann ist es das Gehirn – zumindest in Teilen. Und das kann ja eigentlich nicht so schlecht sein.

68 Geld stinkt nicht

Stimmt nicht.

Diese Redewendung meint: Geld ist Geld, man soll sich nicht beschweren, woher es kommt. Sie geht zurück auf den römischen Kaiser Titus Flavius Vespasian und dessen Idee, für die Benutzung der öffentlichen Toiletten eine Steuer zu erheben. Er nahm das Geld gern, denn «pecunia non olet» – das ist Lateinisch und heißt: Geld stinkt nicht (nach den Exkrementen).

Das ist aber gar nicht richtig. Bargeldspürhunde des Deutschen Zolls können beispielsweise größere Mengen Scheine erschnuppern. Denn das Einführen von Bargeld ab 15 000 Euro ist meldepflichtig – die Hunde sollen also keine vergessenen Zehner in der hinteren Jeanstasche finden, sondern nur fette Geldbündel. Und das gelingt ihnen auch. Also: Geld stinkt doch.

Das machte sich auch der Wiener Künstler Robert Jelinek zunutze, der einer Parfümfirma den Auftrag erteilte, den wissenschaftlich exakten Duft druckfrischer Banknoten zu ermitteln. Dafür legte man neue Scheine unter eine Art Käseglocke und maß die verschiedenen Ausdünstungen, es war ein herber Mix aus Metall, Druckerschwärze, Papier und Mahagoniholz. Jelinek ließ daraufhin diese Essenz wie Parfüm in verbeulte Sprühdöschen füllen und versah sie mit der Aufschrift «Cash» (also: Bargeld).

So kann sich auch jeder behelfen, dem das Taschengeld nicht reicht: Einfach «Cash» aufsprühen, schon riecht ein Zehner nach 50 000 Euro!

Auch im übertragenen Sinne ist diese Regel übrigens falsch. Denn natürlich kommt es darauf an, wie redlich oder unredlich Geld erworben wurde. Beispielsweise werden in dem afrikanischen Staat Sierra Leone unter unmenschlichen Bedingungen Diamanten geschürft. Das sind ganz normale Diamanten – aber

sie werden von Juwelieren nicht gekauft, weil die Arbeitsbedingungen so entsetzlich sind. Man nennt sie «Blutdiamanten», weil Menschen für sie sterben mussten. (Leonardo DiCaprio hat einen Film darüber gedreht, *Blood Diamond*, er ist allerdings ziemlich brutal und erst ab 16 Jahren freigegeben.)

68 Nicht den Rotz in der Nase hochziehen

Stimmt nicht.

Hochziehen mag sich eklig anhören, ist aber super, das sagen sogar Wissenschaftler. Sie haben herausgefunden, dass beim Schnäuzen der Druck in den Nasenhöhlen um das Zehnfache ansteigt. Und dadurch werden große Mengen krank machender Viren in die Stirnhöhle gepresst, wo sie nichts zu suchen haben.

Außerdem ist diese Regel schon deswegen kein großer Wurf, weil man den Schleim sowieso gar nicht *hoch*zieht, sondern bloß nach hinten in den Rachenraum schnieft. Dann kann man ihn wahlweise hinunterschlucken oder ausspucken. Letzteres sieht vor allem bei Cowboys und Bauarbeitern sehr professionell aus, Eltern gefällt es allerdings nur selten.

Es gibt noch weitere Nasenregeln, die auch alle nicht stimmen: «Nicht in der Nase popeln», «Popel darf man nicht essen» und – mein Liebling – «Popel nicht hochziehen, sie verkleben das Gehirn». Das muss sich einer ausgedacht haben, bei dem das so war.

Keine Angst: Man sagt zwar, dass Gerüche die Sinneseindrücke sind, die auf direktestem Wege im Hirn landen. Aber es gibt keine tatsächliche Verbindung oder Öffnung zwischen Nase und Gehirn, und deshalb kann da auch nichts verkleben.

Und gegen die intensive Suche nach kulinarischen Schätzen ist nichts einzuwenden, solange die Finger sauber sind. Kleben einem nämlich zu viele Popel in der Nase, kann man nicht gut atmen. Und schnäuzen, hab ich ja schon erklärt, drückt einem den ganzen Rotz nur tiefer in den Schädel. Aber wenn man sich zum Beispiel nach dem Aufs-Klo-Gehen die Hände nicht wäscht und dann popelt, schmiert man sich Bakterien aus dem Po direkt auf die empfindliche Nasenschleimhaut. Das ist nicht gut. Außerdem kann man sich natürlich leicht mit den Fingernägeln verletzen.

Wenn man dann fündig geworden ist – wohin mit dem an den Nasenhaaren festgetrockneten Schleim (denn nichts anderes sind die Popel)? Medizinisch spricht nichts dagegen, sie zu essen. Viele finden es nur eklig. Falls es jemand noch nicht weiß: Popel schmecken ein wenig salzig. Manche Ärzte sind sogar der Meinung, dass Popelessen die Abwehrkräfte stärkt. So wie bei einer Impfung kleine Mengen Krankheitserreger gespritzt werden, gelangen ja mit den Popeln geringe Mengen Krankheitserreger in den Magen. Bewiesen ist es aber nicht, dass man so die nächste Erkältung vermeiden kann. Und dagegen spricht, dass die Immunabwehr ja in der Nase stattfindet und nicht im Magen.

Nicht so lecker ist es, die Popel zum Beispiel unter den Sitz oder Tisch zu kleben, denn der Nächste, der mit ihnen in Berührung kommt, kann sich daran anstecken.

Übrigens ist jeder Popel auch ein Stück Geschichte. Wenn man am Abend am Osterfeuer sitzt, hat man höchstwahrscheinlich am nächsten Morgen ein paar besonders prächtige Exemplare in der Nase kleben. Sie sind ganz dunkel, und zwar, weil die winzigen Rauchpartikel des Feuers von Nasenhaaren und -schleim abgefangen wurden, damit sie nicht in die Lunge gelangen. Die Zusammensetzung der Popel ist also immer unterschiedlich, je nachdem, wo man sich aufhielt.

70 Keine Erbsen in die Nase stecken

Stimmt.

Einst ein beliebter Zeitvertreib bei Kindern, wenn Mutter im Gemischtwarenladen um die Ecke einkaufen war: Trockenerbsen aus den Säcken picken und in die Nase stopfen. Dort klemmten sie fest und quollen auf, da sie Feuchtigkeit aus der Schleimhaut aufsogen.

Heute sind getrocknete Erbsen selten, tiefgekühlte schiebt sich kaum jemand in die Nasenlöcher, und gekochte sind wenigstens weich. Trotzdem gilt, so Dr. Wolfgang Lässig, Chefarzt der Kinderklinik im Krankenhaus Halle-Saale: «Man sollte generell nichts in die anatomischen Körperöffnungen stecken, was da nicht reingehört. Das gilt auch für Ohren, Scheide, Harnröhre, After, Mund. Erbsen sind, wie andere Kleinteile auch, insofern ein Problem, da sie, wenn sie weit genug drinstecken, von außen nicht bemerkt werden, oft lange Zeit liegen und Entzündungen hervorrufen. Chronischer Schnupfen aus einem Nasenloch ist typisch für Nasenfremdkörper.»

Also: Erbsen bitte essen, nicht schnupfen!

71 Wer nicht hören will, muss fühlen

Stimmt nicht ganz.

Wenn jemand damit Prügel rechtfertigt, ist das ein ganz übler Spruch. Leider gibt es immer noch Eltern, die ihre Kinder schlagen, wenn die nicht machen, was die Eltern wollen oder sagen. Und ausgerechnet diese Eltern sagen dann gern mal: «Wer nicht hören will, muss fühlen», und glauben, sie wären im Recht.

Nur war diese Regel ursprünglich gar nicht so gemeint.

Wörtlich genommen ist das Sprichwort natürlich richtig: Wenn man etwas tut, wovor man eindringlich gewarnt wurde, dann muss man die Folgen tragen. Und das sind oft Schmerzen. Wenn man Brennnesseln anfasst oder die Hand auf den Herd legt, tut das weh. Durch Schmerzen lernt man, und deshalb sind sie wichtig und sinnvoll (was sie nicht angenehmer macht). Auch gibt es viele Erfahrungen, die man einfach selbst machen muss.

Na gut. Aber was hat es mit diesem Spruch auf sich?

Heute wird «wer nicht hören will, muss fühlen» oft mit Strafe assoziiert oder höhnisch und voller Schadenfreude ausgesprochen.

Man kann den Satz allerdings auch positiv umdeuten, wenn man ein einziges Wort ändert: «Wer nicht hören *kann*, muss fühlen» – das stimmt auf jeden Fall! Denn Gehörlose können zwar den Schall als solchen nicht wahrnehmen, wohl aber die Vibrationen spüren und auf diese Weise sogar Musik genießen und tanzen gehen. Dieses Phänomen kann man auch selbst erfahren: Einfach mal das Lieblingslied auf der Musikanlage laufen lassen und die Hand dicht vor den großen Basslautsprecher halten. Dann kann man spüren, wie der Bass «pumpt» und die Luft vibriert.

«Wer nicht hören kann, muss fühlen», ist also eigentlich richtig, wird aber meistens falsch verwendet.

72 Zu laute Musik ist schlecht für die Ohren

Stimmt.

Bereits jeder vierte männliche Jugendliche in Deutschland leidet unter messbaren Hörschäden durch zu laute Musik!

Die AOK rät daher: Walkman oder MP3-Player nie voll aufdrehen, öfter mal eine Hörpause einlegen. Bereits bei länger andauernder Belastung des Ohrs mit mehr als 85 Dezibel – das ist etwa so laut wie eine belebte Straße – nimmt die Hörempfindlichkeit erkennbar ab. Es entsteht eine Hochtonschwerhörigkeit, die nicht heilbar ist.

Wenn man auf dem Kopfhörer mit voller Lautstärke hört, treffen Schallspitzenwerte von 110 Dezibel aufs Ohr, das ist so laut wie ein Presslufthammer aus einem Meter Abstand.

Das ist gefährlich, denn für das Hören sind sehr feine Sinneshärchen verantwortlich. Man kann sich das vorstellen wie ein Kornfeld, durch das der Wind streicht und die Halme bewegt. Die Halme auf der einen Seite sind für die hohen Töne verantwortlich, die auf der anderen für die tiefen. Laute Geräusche sind wie ein starker Sturm, der eine Schneise durch das Feld schlägt und die Halme umknickt. Danach können sie entweder gar keine Meldung mehr machen, dann ist man für eine bestimmte Tonlage taub geworden. Oder sie senden dauernd ans Gehirn, sodass man glaubt, ständig einen bestimmten Ton zu hören. Ein solcher ständiger Pfeifton heißt «Tinnitus» (das ist Lateinisch für «das Klingeln der Ohren») und kann die Folge zu lauter Musik sein, egal, ob per Kopfhörer oder zum Beispiel auf einem Konzert oder in der Disco. Es gibt allerdings kleine Ohrstöpsel, die alle Frequenzen gleichmäßig absenken, sodass die Musik super klingt, aber nicht zu laut ist.

Inzwischen laufen die ersten Gerichtsprozesse gegen Konzertveranstalter und Unterhaltungselektronik-Firmen, aber ein Schmerzensgeld ist kein Ersatz für ein gutes Gehör. In Europa gelten dabei andere Gesetze als in den USA. Digitale Musikabspielgeräte wie der iPod sind hierzulande auf maximal 100 Dezibel gezügelt, die US-Versionen spielen (noch) lauter, bis zu 130 Dezibel wurden gemessen. Wenn man also voll aufdreht, sind Gehörschäden fast unvermeidbar.

Regelmäßiger Musikkonsum in solcher Wucht kann bereits im Alter von 40 bis 50 Jahren zu Taubheit führen, im unglücklichsten Fall zusammen mit einem nervigen Pfeifen oder Fiepen.

73 Rockmusik macht dumm & Mozart macht schlau

Stimmt beides nicht.

Der sogenannte «Mozart-Effekt» lässt sich wissenschaftlich nicht bestätigen. Der Konsum von Musik – egal, ob klassisch oder modern – macht weder schlauer noch dümmer. (Wohl aber kann zu laute Musik taub machen, siehe Regel 72. Dafür ist aber egal, ob Mozart oder Motörhead.)

Immerhin: Musik kann positive Auswirkungen auf die Hausaufgaben haben, denn sie hebt die Stimmung und steigert so die Lernbereitschaft, zumindest kurzfristig. Dabei ist nur wichtig, dass die Musik gefällt.

Das eigene Musizieren hingegen steigert die Intelligenz laut einer Studie des Bundesministeriums für Bildung und Forschung sehr wohl, wenn auch nur leicht.

Das Gerücht basiert auf einer Studie von 1993 aus der Fachzeitschrift «Nature»: Forscher stellten fest, dass Studenten nach zehnminütigem Mozart-Genuss Papierfaltaufgaben besser lösen konnten. Ihre räumliche Vorstellungskraft war höher als die der Vergleichsgruppe. Inzwischen gibt es deshalb sogar schon «Baby-Mozart»-CDs, mit denen man Babys im Mutterleib beschallen kann.

Das kann man alles vergessen, und auch der Intelligenzgewinn durchs Selbst-Musikmachen ist so gering, dass Dr. Ralf Schumacher von der Berliner Humboldt Universität, der im Auftrag des Bundesfamilienministeriums die Studie «Macht Mozart schlau?» erarbeitet hat, eindeutig feststellt: «Man sollte es wirklich abhängig machen von den Neigungen der Kinder, und man muss sie nicht unbedingt in den Musikunterricht pressen. Wenn sie andere Neigungen haben, naturwissenschaftliche Neigungen, dann ist zusätzlicher Unterricht in diesen Bereichen sicherlich ebenso gut geeignet, um ihre kognitiven Fähigkeiten zu verbessern, wie Musikunterricht.»

74 Gerade sitzen, sonst bekommt man einen Buckel

Stimmt nicht ganz.

Heutzutage haben nicht nur Erwachsene, sondern auch immer mehr Kinder Probleme mit dem Rücken. Eine der sogenannten «Volkskrankheiten» – das sind Krankheiten, an denen sehr viele Menschen leiden –, ist die Wirbelsäulenverkrümmung, auch «Skoliose» genannt. (Das ist natürlich auch mal wieder aus dem Griechischen: «skolios» heißt krumm.) Sie wird durch buckliges Sitzen und hängende Schultern zwar nicht verursacht, aber gefördert. Was genau zu Skoliose führt, ist meist unbekannt. Sie wird oft während Wachstumsschüben sichtbar, Mädchen sind häufiger betroffen als Jungen. In etwa jedem fünften Fall sind äußere Einflüsse der Auslöser, zum Beispiel von Geburt an falsch geformte Wirbel, Erkrankungen des Bindegewebes oder Störungen des Knochenstoffwechsels, Unfälle, unterschiedlich lange Beine. Skoliose kann übrigens bei allen Wirbeltieren auftreten, sogar bei Fischen.

Die Wirbelsäule ist normalerweise S-förmig nach vorn und hinten gebogen. Dadurch entsteht die Mulde knapp oberhalb der Poritze. Bei einer Skoliose verbiegt sich die Wirbelsäule seitlich, also nach rechts und links, und meist verdrehen sich die einzelnen Wirbel dabei auch noch. Die Folge: Der Oberkörper kann nicht mehr ganz aufgerichtet werden, es bildet sich ein Buckel.

Insofern bringt die «Gerade-sitzen»-Regel Ursache und Wirkung durcheinander: Buckliges Sitzen oder schlappes Herumhängen «wie ein Schluck Wasser in der Kurve» können Anzeichen einer Skoliose sein (die dann der Arzt diagnostizieren muss) und diese zugleich noch verstärken, sie sind aber nicht der Auslöser. Und wenn die Krankheit bereits begonnen hat, hilft es nichts, den

Rücken einfach mit voller Wucht gerade zu biegen, was leider einige Eltern und Lehrer immer noch versuchen. Das tut entsetzlich weh und bringt gar nichts. Da muss der Arzt ran!

Wenn eine Anfälligkeit der Wirbelsäule besteht, dann können eine aufrechte Haltung und vor allem ausreichende Bewegung und Muskeltraining den Krankheitsverlauf verlangsamen. Nicht nur für kranke Rücken ist krummes Sitzen jedoch eine Belastung, sondern auch für gesunde. Für alle, die viel sitzen – ob nun in der Schule oder im Büro –, gilt daher: viel bewegen, Sport machen, nach den Schulaufgaben auf den Fußballplatz oder ins Schwimmbad. Schreibtisch und Stuhl sollten die richtige Höhe haben und müssen neu eingestellt werden, wenn man wieder mal ein Stückchen gewachsen ist. Und der Schulranzen sollte nicht zu schwer sein.

Wenn man all das beachtet und keine Rücken- oder Schulterschmerzen hat, dann ist gegen Rumhängen aller Art nicht das Geringste einzuwenden!

75 Keine Umhängetasche tragen, sonst bekommt man einen krummen Rücken

Stimmt.

Natürlich wird man nicht von einmal Umhängetaschetragen zum buckligen Hutzelmännchen. Aber wenn schon, dann sollten derartige Taschen leicht sein, sie sind also als Schulranzen-Ersatz ungeeignet. Die AOK warnt: «Die gerade so beliebten Umhängetaschen sollten lieber nicht benutzt werden, sie belasten den Rücken unphysiologisch.»

Denn, klar, wenn man eine schwere Umhängetasche trägt, biegt sich die Wirbelsäule nach rechts oder links. Und das fördert, zumindest bei denen, die eine entsprechende Veranlagung mitbringen, die Entstehung von Skoliose. Deshalb soll man auch gerade sitzen, siehe Regel 74.

Umhängetaschen sind ein modisches Accessoire, erfunden vor etwa 100 Jahren, damit modebewusste Frauen enganliegende Kleider ohne eingenähte Beuteltaschen tragen konnten.

Für Schul- oder andere schwere Sachen aber sind Umhängetaschen nicht geeignet. Experten empfehlen einen Ranzen auf Rollen, der wie ein Koffer gezogen werden kann, aber viele erinnert ein solcher «Hackenporsche» an Omas Einkaufstasche. (Im Übrigen wird auch dieser Trolley nur einseitig gezogen, zwar ist die Gewichtslast auf der Schulter nicht so groß, die schiefe Haltung aber trotzdem schädlich.)

Rucksäcke sind besser, weil sie wenigstens beide Schultern gleichmäßig belasten, aber immer noch nicht ideal. Das Beste für die Schule ist ein möglichst kleiner Ranzen, denn was nicht reinpasst, lastet auch nicht auf dem Rücken.

76 Wer nicht kommt zur rechten Zeit, der muss sehen, was übrig bleibt

Stimmt.

Ist ja logisch: Wenn man zu spät kommt, haben sich die anderen eben schon die besten Sachen rausgepickt.

Ein ähnlicher Satz markierte übrigens die Wende. Der damalige russische Staatschef Michail Gorbatschow soll am 5. Oktober DDR-Chef Erich Honecker erklärt haben: «Wer zu spät kommt, den bestraft das Leben.» In Wirklichkeit hat er allerdings nur gesagt: «Ich glaube, Gefahren warten nur auf jene, die nicht auf das Leben reagieren.»

So oder so: Die Weisheit ist ebenso alt wie offensichtlich. Und geht auf noch viel leichter verständliche Redewendungen zurück: «Wer die Zeit der Saat verschläft, braucht in der Ernte nicht zu schwitzen» und «Wer nicht kommt zur rechten Zeit, der versäumt die Mahlzeit», hieß es früher schon.

77 Müßiggang ist aller Laster Anfang

Stimmt nicht.

Ich bin gerade extra raus auf die Straße gegangen und hab ganz genau geguckt: Auf keinem Laster stand vorn «Müßiggang».

Ha, ha. Kleiner Scherz, um die Stimmung oben zu halten.

Nein, natürlich ist mit Müßiggang Faulsein gemeint. Und Laster ist nicht nur ein anderes Wort für LKW, sondern – im Fall dieser Regel – auch für eine schlechte Gewohnheit. Und so gesehen ist an der Regel sicher etwas dran. Wäre ich heute Morgen nicht aufgestanden, würde ich jetzt nicht hier sitzen und dieses Buch schreiben. Also: Wer faul ist, kriegt nichts geregelt, das stimmt schon.

«Müßiggang bringt Untergang», hieß es früher auch, und der französische Jurist und Philosoph Charles Montesquieu befand irgendwann zwischen 1689 und 1755 gar: «Man hätte den beständigen Müßiggang unter die Höllenstrafen setzen sollen; es scheint aber im Gegenteil, dass man ihn unter die Freuden des Paradieses gerechnet habe.»

«Müßiggang ist der Amboss, auf dem alle Sünden geschmiedet werden», sagte man Ende des 17. Jahrhunderts, und in dieser Formulierung verbirgt sich wohl der Kern der Sache: Wer rumsitzt und nichts zu tun hat, kommt auf dumme Ideen, spielt anderen Streiche, macht nichts als Ärger.

Und da ist ja manchmal – aber natürlich nur ganz, ganz selten – wirklich etwas dran.

78 Der Apfel fällt nicht weit vom Stamm

Stimmt.

Eine Erklärung dieser Regel hat angeblich der estnische Sprachforscher Pawel Gurasijewitsch gefunden. Er soll behauptet haben, dass bei den alten Germanen, vor allem bei niederdeutschen und westfälischen Sippen, in vorrömischer Zeit die Tradition des «Abfells» (auch «Ümpel» genannt) hochgehalten wurde. Ein Abfell war ein in einer Neumondnacht geborener Zwilling, dessen Bruder bei einer Stammesfehde getötet worden war. Zum Trost durfte der Abfell ein Jahr lang jede Nacht eine Frau seiner Wahl zu Bette führen, so viel Met (Honigwein) trinken, wie er lustig war, und im Beisein des Häuptlings furzen. Nachteil der Sache: Am Ende dieses Jahres musste er sich vor den Palisaden des Dorfes umbringen. Der Abfell fällt (= stirbt) nicht weit vom Stamm (= seiner Sippe).

Eine andere Erklärung dieser Regel ist viel direkter und einfacher nachzuvollziehen, weil sie mit einfachen Worten einen komplexen biologischen Zusammenhang beschreibt.

Das Sprichwort «Der Apfel fällt nicht weit vom Stamm» verwendet man, um auszudrücken, dass die Kinder die Stärken (oder Schwächen) der Eltern geerbt haben. Dabei geht es nicht nur um körperliche Eigenarten, sondern auch um Charakterzüge.

Wenn ein Apfel vom Baum fällt, dann landet er «nicht weit vom Stamm» (wie sollte er auch?). Und dort wächst dann irgendwann ein neuer Baum, der dem alten (genetisch) sehr ähnlich ist. So ist es auch bei den Menschen: Jeder von uns wird zusammengemischt aus den Erbinformationen (den Genen) von Vater und Mutter, daher weisen wir in manchen Dingen starke Ähnlichkeiten zu ihnen auf.

Eines allerdings stimmt nicht an dem Vergleich: Ein neuer Apfelbaum kann auch fern des Stammes wachsen, wenn zum Beispiel ein Vogel die Apfelkerne hinuntergeschluckt hat und sie erst in weiter Ferne mit dem Kot ausscheidet.

Der unschlagbare Vorteil der zweiten Erklärung der Regel ist, dass sie auch ohne Probleme zu einer Variante passt, die bei uns zu Hause immer benutzt wurde: Der Apfel fällt nicht weit vom Pferd.

79 Bei Tisch erst anfangen mit dem Essen, wenn alle etwas haben & Nach dem Essen sitzen bleiben, bis alle fertig sind

Stimmt nicht ganz.

Wenn man sich nicht an diese Regeln hält, passiert nichts Schlimmes. Und doch haben sie im Zusammenleben eine wichtige Funktion. Daher finde ich: Ja, an diese Regeln sollte man sich halten.

Die ältesten schriftlichen Ratschläge zum guten Benehmen bei Tisch stammen aus dem Jahr 1240. Ein Minnesänger riet damals, man sollte sich nicht während des Tafelns die Nägel schneiden, sich nicht so gierig auf das Essen stürzen, dass man sich in den Finger beißt, nicht schmatzen, nicht rülpsen, nicht furzen, sich, auch wenn man Läuse hat, nicht ausgiebig kratzen und sich nicht in die Hand schnäuzen und anschließend mit derselben Hand in der Schüssel nach den saftigen Fleischbrocken suchen.

Früher wurde in fast allen Familien vor dem Essen gebetet. Weil man aber erst gemeinsam beten konnte, wenn alle am Tisch saßen, fing man auch erst danach gemeinsam mit dem Essen an.

Das ist der eine Grund. Ein zweiter besteht sicher darin, dass derjenige, der sich einfach alles reinstopft, was er kriegen kann, vielleicht mehr zu essen kriegt – oder die leckersten Teile. Das ist also ungerecht.

Und nicht zuletzt gilt ungezügeltes Drauflosessen auch als respektlos den anderen gegenüber, vor allem dem Koch oder der Köchin, die sich ja oft erst als Letzte an den Tisch setzen.

Wenn sich jeder hinsetzt und einfach loslegt, birgt das letztlich auch gesundheitliche Risiken. Wer nämlich schnell in sich hineinschlingt, isst mehr, weil der Körper gar nicht so schnell das Signal

«Hey, ich bin schon satt» senden kann, wie manche Leute ihren Magen füllen. Davon wird man ziemlich schnell ziemlich dick. Wartet man jedoch, bis alle da sind und sich etwas auf den Teller getan haben, stellt man sich auch besser auf das ein, was nun folgt: Nahrung! Die Vorfreude steigt, Gerüche und Geschmack werden bewusster wahrgenommen, und wenn alle zusammen essen, gibt's ja immer auch etwas zu erzählen. Das ist einerseits interessant, andererseits essen dadurch alle langsamer. Das spart Geld und Kalorien.

Rücksichtnahme auf andere, auch wenn einem schon das Wasser im Mund zusammenläuft, ist also gar keine so schlechte Sache. Umgekehrt heißt das natürlich, dass man die anderen nicht warten lässt.

So wichtig, wie manche Eltern tun, kann es dann aber auch wieder nicht sein. Denn in Japan zum Beispiel geht das Essen los, sobald das erste Gericht auf dem Tisch steht. Man darf alles durcheinanderessen und wartet nicht auf die anderen. Falls es bei jemandem zu Hause so zugeht, kann man hinterher auf Japanisch sagen: «Gochisosama deshita.» Auf Deutsch: «Das Essen war toll.»

Die Regel mit dem Sitzenbleiben wird heutzutage etwas lockerer gehandhabt. Wenn die anderen fast fertig sind, ist es natürlich nett, sitzen zu bleiben und im Anschluss an die Mahlzeit schnell gemeinsam abzuräumen. Wenn aber klar ist, dass zum Beispiel Erwachsene noch länger sitzen bleiben wollen, dann kann man ruhig fragen, ob man aufstehen darf. Ich habe noch nie davon gehört, dass Eltern ihre gelangweilten Sprösslinge dann am Tisch sitzen lassen, wo sie ja doch nur ein Erbsenkatapult bauen.

80 Was du nicht willst, das man dir tut, das füg auch keinem anderen zu

Stimmt.

Das steht in der Bibel, heißt es oft. Aber das ist nicht ganz richtig. Es ist sowieso eine Elternregel, von der es etliche Varianten gibt, die zwar alle irgendwie ähnlich klingen, teilweise aber sehr unterschiedliche Bedeutungen haben.

Im Grunde ist es ja logisch: Soll mir einer auf den Kopf schlagen? Nein. Also wollen das die anderen wahrscheinlich auch nicht. Und wenn ich es doch bei jemandem tue, ist die Gefahr groß, dass der sich an mir rächt, und genau das will ich ja nicht.

Schon der chinesische Weise Konfuzius hat etwa 500 vor Christus gesagt: «Was du selbst nicht wünschst, das tue auch nicht anderen Menschen an», und seitdem gilt dies als eine Art «goldene Regel» des menschlichen Zusammenlebens.

In der Bibel findet sich ein ähnlicher Satz im Evangelium (Matthäus 7,12): «Alles, was ihr wollt, dass euch die Menschen tun, das tut auch ihr ihnen ebenso.» Das funktioniert also genau andersherum. Bei «Was du nicht willst, das man dir tu ... » ist alles verboten, was man selber nicht will. Beim Bibelsatz ist alles erwünscht, was man selbst erleben möchte.

Man soll es selbst so vorleben, wie man es gern hätte. Also: Wenn man möchte, dass einer etwas von seinem Pausenbrot abgibt, dann könnte man anbieten, die Hausarbeiten mit ihm zu teilen.

Im Buch Mose in der Bibel steht aber außerdem auch noch: «Und wer seinem Nächsten Schaden zufügt, dem soll man tun, wie er getan hat: Bruch um Bruch, Auge um Auge, Zahn um Zahn.» Das ist jedoch – obwohl man den «Auge-um-Auge»-Spruch ja in jedem Actionfilm zu hören kriegt – nicht als Rechtfertigung für Rachefeldzüge gemeint, sondern als Rechtsgrundlage für Bestrafungen: Jeder soll angemessen bestraft werden, nicht zu hart und nicht zu zart.

Eine Mischung aus all dem hat dann der Philosoph Immanuel Kant 1788 in seinem Buch *Kritik der praktischen Vernunft* formuliert: «Handle so, dass die Maxime deines Willens jederzeit zugleich als Prinzip einer allgemeinen Gesetzgebung gelten könnte.» (Ach, Kant, der alte Angeber, hatte schon damals in meinem Philosophieunterricht die längsten und unverständlichsten Sätze. Ein bisschen unklug für jemanden, der möchte, dass sich seine Ideen schön verbreiten sollen. Aber das nur nebenbei.) Eine «Maxime» ist der Grundsatz dessen, was man tut. So etwas wie ein Motto. Das heißt nun gleichzeitig: Das, was man macht, sollten im Prinzip alle dürfen, und das, was keiner machen soll, darf man auch selbst nicht tun. Jeder soll der Vernunft folgen und ausschließlich Handlungen vollbringen, die nicht Mittel zu einem Zweck sind, sondern *an sich* gut. Oder, kurz: Gleiche Regeln für alle.

Man nennt Kants Satz auch den «kategorischen Imperativ». Kategorisch kommt aus dem Griechischen und heißt «unbedingt», und der Imperativ ist die Befehlsform. Die Regel ist also ein Befehl, den man unbedingt befolgen muss.

Im Alltag, haben deutsche und amerikanische Forscher ermittelt, setzt sich meist eine Mischform aus allen diesen Regeln durch, die man «Tit-for-tat» nennt (auf Deutsch: Wie du mir, so ich dir). Wenn einer den anderen reinlegt, legt der ihn das nächste Mal auch rein. Ist einer aber fair, ist der andere das nächste Mal auch fair. Das empfinden wir als einigermaßen gerecht, und deswegen verhalten wir uns ganz automatisch so.

81 Immer brav sein, der Nikolaus bzw. der Weihnachtsmann sieht alles

Hier biete ich mal zwei Varianten an. Weiterlesen bei
A) wenn man an den Nikolaus/Weihnachtsmann glaubt.
B) wenn man glaubt, einen Nikolaus/Weihnachtsmann gibt es nicht.
C) dürfen dann wieder alle lesen!

A) Wenn man an den Nikolaus/Weihnachtsmann glaubt

Die Regel stimmt. Aber wie er das macht, ist immer noch nicht so ganz klar. Am Nikolaustag, dem 6. Dezember, denken wir zurück an den Todestag des Bischof Nikolaus aus Myra. Viele Legenden ranken sich um diesen Mann. Angeblich hat er die ganze Stadt vor dem Hungertod gerettet, ein andermal heißt es, dass er aus lauter Gutherzigkeit seinen Besitz unter den Ärmsten der Stadt verschenkte. Auf alle Fälle war dieser Nikolaus ein netter Kerl. Früher gab es zum Nikolaus sogar mehr Geschenke als zu Weihnachten. Lange Zeit dichtete man dem Nikolaus noch einen finsteren Helfer mit einer Rute an, Knecht Ruprecht. Seine Aufgabe bestand darin, die unartigen Kinder mit einer Rute zu schlagen. (In anderen Ländern heißt dieser furchteinflößende Geselle übrigens anders, in der Schweiz zum Beispiel Schmutzli, in Österreich und Kroatien Krampus.) Welche Kinder das Jahr über brav waren und welche nicht, liest der Nikolaus in einem «goldenen Buch» nach – wer dort aber hineinschreibt, wie gut die Kinder sich benommen haben, das weiß man nicht.

Ähnlich ist es mit dem Weihnachtsmann. Auch dem geht es nicht darum, ob man sich die letzten Tage oder Wochen gut be-

nommen hat, sondern es zählt das ganze Jahr. Manche sagen, die Engel erstatten ihm Bericht, aber ganz sicher weiß man es nicht.

B) Wenn man nicht an den Nikolaus/Weihnachtsmann glaubt

Die Regel stimmt nicht. Wie sollte jemand, den es gar nicht gibt, mitbekommen, wie man sich benimmt? Interessant ist, dass Nikolaus und Weihnachtsmann auf dieselbe traditionelle Figur zurückgehen: In niederländischen Kolonien in Amerika wurde der Sankt Nikolaus mit dem «Sinterklaasfeest» gefeiert, und aus Sinterklaas wurde mit der Zeit «Santa Claus» – das ist in den USA der Weihnachtsmann (und den Nikolaustag gibt es dort gar nicht).

C) Für alle

Der Nikolaus trägt einen dunkelroten Mantel, weil er früher Bischof war und Bischöfe solche Mäntel trugen.

Der typische Weihnachtsmann-Look ist ähnlich, der Mantel ist aber von einem helleren Rot. Dieser Farbton geht angeblich auf die Firma Coca-Cola zurück. Ab 1931 wurde jedes Jahr zur Weihnachtszeit Werbung mit einem in Cola-Rot gekleideten Weihnachtsmann gemacht. Den malte der aus Schweden stammende Graphiker und Cartoonist Haddon Sundblom, das Gesicht war das eines pensionierten Coca-Cola-Mitarbeiters. Sundblom zeichnete bis 1966 jedes Jahr mindestens einen Weihnachtsmann, und die Werbung war so erfolgreich, dass dieses Aussehen des Weihnachtsmannes fälschlicherweise Coca-Cola zugeschrieben wird, obwohl es regional bereits mehrere Jahre vor Beginn der Kampagne bekannt war. Allerdings hat die alljährliche Limonadenwerbung sicher zu seiner weltweiten Verbreitung beigetragen und die Vorstellung geprägt, die wir heute vom Weihnachtsmann haben.

82 Es ist noch kein Meister vom Himmel gefallen & Übung macht den Meister

Stimmt.

«Es ist kein Meister geboren, sondern er muss gemacht werden», sagte man früher, oder auch «Es württ keyner meyster geborn». Das leuchtet jedem ein: «Übung macht den Meister», «Vor den Erfolg haben die Götter den Schweiß gesetzt», «Übung ist der beste Lehrer» – um etwas wirklich meisterlich zu beherrschen, muss man üben (oder trainieren), egal, um welche Tätigkeit es sich handelt.

Neurowissenschaftler und Kognitionspsychologen (das sind Leute, die sich mit der Wahrnehmung beschäftigen) haben ermittelt: In ihrem jeweiligen Fachgebiet – also in dem Bereich, in dem sie durch Übung routiniert sind – erbringen hochintelligente und weniger intelligente Menschen die gleichen Leistungen mit dem gleichen Aufwand. Das heißt, der IQ ist überschätzt, man kann mangelnde Intelligenz durch Motivation und Übung ausgleichen!

Ähnlich erfreulich: Das regelmäßige Spielen eines Musikinstrumentes verlangsamt im Altern den Abbau und Zerfall von Gehirnzellen. Wer übt, erlangt Meisterschaft (was Spaß macht) und bleibt fit im Kopf!

83 Nicht lachen, wenn anderen ein Missgeschick passiert

Stimmt nicht ganz.

Man sagt zwar, dass Schadenfreude die schönste Freude sei, aber trotzdem hat sie einen etwas unangenehmen Beigeschmack. Lacht oder lästert man über jemand anderen, fühlt man sich gleich viel besser – weil man eben selbst nicht derjenige ist, über den gelacht wird. Die Psychologin Birgit Boothe von der Universität Zürich erklärt: «Schadenfreude und Vorfreude sind die einzigen Gefühle, die für unmittelbare Entspannung sorgen.» Das ist leicht nachzuvollziehen: Wenn meine kleine Schwester den Müll rausbringt und der Müllsack reißt, dann bin ich froh, dass mir das nicht passiert, denn diese Sauerei wegzuwischen, macht wirklich keinen Spaß. Darüber zu lachen schon. Interessant in diesem Zusammenhang: Gehirnforscher stellten fest, dass das Zentrum für Schadenfreude, das tief im Inneren des Gehirns steckt, bei Männern deutlich aktiver ist als bei Frauen.

Lachen entspannt, weil der Kreislauf und der Anti-Stress-Nerv «Parasympathikus» angeregt werden. Forscher fanden zudem heraus, dass man nicht so leicht krank wird und besser schläft, wenn man wenigstens einmal am Tag herzlich lacht.

Einerseits ist es also gemein, über andere zu lachen – schließlich möchte man ja auch nicht, dass über einen selbst gelacht wird. Andererseits sind manche Dinge so komisch, dass man einfach lachen muss.

Wenn es nicht böse gemeint ist, kann derjenige, über den gelacht wird, oft auch mitlachen. Und das wiederum erleichtert es ihm, sein Unglück zu ertragen.

«Schadenfreude» hat es als Lehnwort, das sind Wörter, die sich eine Sprache von der anderen borgt, sogar bis nach Amerika geschafft – Engländer und Amerikaner benutzen «Schadenfreude», weil es in ihrer eigenen Sprache kein Wort für dieses Gefühl gibt. Daher wird immer wieder behauptet, die Schadenfreude wäre eine typisch deutsche Regung. Das aber stimmt nicht, in mindestens 16 weiteren Sprachen – von Arabisch über Bulgarisch, Dänisch, Estnisch, Finnisch, Griechisch, Hebräisch, Litauisch, Niederländisch und Slowakisch bis Schwedisch und Ungarisch – gibt es bedeutungsgleiche Wörter. Und auch im Englischen gibt es einen ähnlichen Begriff, allerdings als Verb: «to gloat».

Alle können also Schadenfreude empfinden, aber trotzdem ist es gemein, über andere zu lachen, zumindest wenn die nicht mitlachen können.

84 Immer machen, was die Eltern einem sagen

Stimmt nicht.

Oliver Steinbach, stellvertretender Chefredakteur der Zeitschrift *Eltern* und selbst dreifacher Vater, findet: «Eltern müssen wollen, dass ihre Kinder machen, was sie sagen. Und sie müssen froh sein, wenn die sich nicht immer daran halten.»

Das klingt widersprüchlich.

Muss man nun machen, was die Eltern sagen – oder nicht?

Mal so, mal so.

Nehmen wir mal an, eine Mutter hat zwei Kinder, Peter und Alexander. (Sie nannte ihre Kinder so, weil sie auf Schlager steht.) Sie wartet mit beiden an der Ampel. Die Ampel ist rot. Mutter sagt: «Peter, Alexander, bei Rot muss man stehen bleiben.» Alexander denkt sich: Ach was, blöde Mutter, mach ich nicht – und marschiert los.

Rums, überfahren.

Mutter sagt: «Siehst du, Peter, man muss immer machen, was die Eltern sagen.»

Und in diesem Fall hat sie damit auch recht. Eltern wollen, im Idealfall, nur das Beste. Wenn sie sagen, was man tun oder lassen soll, dann deshalb, weil sie das in dem Moment für richtig halten.

Andererseits, wendet Erziehungsprofi Steinbach ein, geben Eltern manchmal ihre Anweisungen nur aus Bequemlichkeit. «Sie sagen dann zum Beispiel: ‹Geh nicht an den Bach, das ist gefährlich!›, und meinen in Wirklichkeit: Mach dich nicht dreckig. Ich habe keine Lust, die Klamotten schon wieder zu waschen.»

In so einem Fall muss man nicht gehorchen. Kindererziehung ist ja keine Tierdressur. Wenn es am Bach nun mal spannend ist und Vater vom Wanderweg aus sogar aufpassen kann, dass man nicht ertrinkt, dann sage ich: Schuhe aus und Dämme bauen! Gute Eltern können gar nicht wollen, dass ihre Kinder ihnen auf Gedeih und Verderb gehorchen. Steinbach: «Sie müssten stolz sein, wenn bei ihrem Fünfjährigen im inneren Widerstreit Neugier und Forscherlust die Oberhand gewinnen und nicht der blinde Gehorsam.» Denn schließlich kann niemand wollen, dass aus Kindern willenlose Zombies werden.

85 Übermut tut selten gut & Hochmut kommt vor dem Fall

Stimmt.
Heute meint man damit einfach nur: Wer glaubt, er könne alles, fliegt irgendwann auf die Nase.

An sich ist natürlich mehr damit gemeint. Die Regeln basieren wohl auf Bibelstellen. Im Alten Testament heißt es «Hochmut kommt vor dem Verderben, und hoffärtiger Sinn vor dem Fall» (Sprüche 16,18), und «Kommt Übermut, so kommt Schande, bei den Demütigen aber ist Weisheit» (Sprüche 11,2). Hochmut ist im kirchlichen Sinne sogar noch schlimmer als Übermut, denn Hochmut ist die schlimmste der sieben Todsünden, und Luzifer (der Teufel) ist ihr Symbol. Doch bezeichnete «Hochmut» eben nicht nur ein arrogantes, unfreundliches oder selbstgefälliges Verhalten – sondern die größte aller Sünden, die Gottesvergessenheit!

«Humilitas occidit superbiam» heißt es in lateinischen Schriften: Demut schlägt Hochmut.

Ursprünglich also bezeichneten beide Regeln, wie schlecht es ist, sich von Gott abzuwenden oder zu vergessen, dass jeder Gottes Gnade ausgeliefert ist. Wie viel da dran ist, kann jeder für sich selbst entscheiden.

Heute meint man einfach nur: Wenn einer zu hoch hinauswill, unvernünftig viel wagt, dann wird das nichts.

Die Gemeinsamkeit dieser beiden Sichtweisen besteht darin, dass man versuchen soll, sich – die eigene Persönlichkeit, aber auch die eigenen Fähigkeiten – realistisch einzuschätzen und nicht größenwahnsinnig zu werden.

Und das ist gut, denn man kennt ja diese Großmäuler, die keiner leiden kann, weil sie alles besser wissen, zu jedem Thema ihren Senf dazugeben, nie die Klappe halten können und im schlimmsten Fall auch noch Bücher schreiben und Fernsehsendungen machen – Moment, das kommt mir alles sehr bekannt vor ... Ich sollte wirklich mal mit Shary über ihr Verhalten sprechen.

86 Geschenkt ist geschenkt, und wiederholen ist gestohlen

Stimmt.

Ein Geschenk ist laut Lexikon «die Übertragung des Eigentums an einer Sache oder einem Recht an einen anderen, ohne eine Gegenleistung zu verlangen».

Dafür kann es natürlich alle möglichen Gründe geben, von Höflichkeit bis Dankbarkeit, oder man hofft, selbst etwas geschenkt zu bekommen. «Wer ein Rind zum Geschenk erhält, muss ein Pferd zurückgeben», sagt man in China.

Aber, klar, geschenkt ist geschenkt.

Davon gibt es rechtlich gesehen nur wenige Ausnahmen. «Verarmung des Schenkers» ist eine davon – wenn die Eltern zum Beispiel den Kindern viel Geld schenken, dann aber einen schlimmen Unfall haben und ihr Haus teuer rollstuhlgerecht umbauen müssen, können sie zehn Jahre lang ihr Geschenk zurückfordern. Andererseits: Wenn man nette Eltern hat, die einem viel schenken, dann hilft man ihnen ja sowieso, wenn sie in Not geraten.

Der andere Grund für die Rückforderung eines Geschenks ist «grober Undank». (Schönes Wort – sollte man sich merken.) Wenn man jemandem etwas schenkt und der innerhalb eines Jahres eine «tadelnswerte Gesinnung» zeigt, kann man die Schenkung rückgängig machen. Dazu gehört zum Beispiel die körperliche Misshandlung. Verschenkt man also etwas und bekommt als «Dank» eine Ohrfeige, kann man sein Geschenk tatsächlich wiederholen.

Das gilt aber nicht, wenn man zum Beispiel seiner Freundin eine schöne Kette schenkt und die sich wenig später von einem trennt. Dann kann sie die Kette behalten. Es sei denn, man schafft es irgendwie, eine von ihr geknallt zu bekommen. Dann sieht die Sache wieder anders aus.

87 Essensreste nicht ins Klo kippen

Stimmt.

Essensreste können zu Verstopfungen und Ablagerungen an den Kanalrohren führen und belasten das Abwasser mehr als nötig, das dann aufwendig und teuer gereinigt werden muss.

Vor allem aber: Sie fördern die Rattenplage – und locken die Nager sogar bis in die eigene Kloschüssel! Experten schätzen, dass es in Deutschland etwa 160 Millionen Ratten gibt, viele von ihnen leben in der Kanalisation. Und wer häufig Essensreste ins Klo kippt, lockt sie an. Die Tiere erkennen, woher die Nahrung kommt. Vor allem durch ältere Rohre, deren Wände rau sind, klettern die Nager auch mehrere Stockwerke hoch, tauchen durch das wassergefüllte «Rohrknie» der Kloschüssel und warten auf die nächste Portion. Das Essen füttert die Tiere also nicht nur im Untergrund durch, sondern wirkt richtiggehend als Köder! Das ist nicht gut, denn Ratten können beißen, was sowieso schon weh tut, und auch Krankheiten übertragen, gern auch beides.

Aber selbst wenn sich die Ratten nicht bis ins Haus durchbeißen: Ein Rattenpärchen kann pro Jahr bis zu 2000 Nachkommen in die Welt setzen, die ihrerseits wieder Krankheiten übertragen und verbreiten und die nicht gefüttert werden sollten.

Daher gehören Essensreste auch nicht auf den Kompost (wo sie auch nur wieder Ratten anlocken), sondern in den Bio- oder Hausmüll. Auf den Kompost dürfen, neben Gartenabfällen wie Laub oder Gras, nur ungekochte Küchenabfälle, also zum Beispiel Obst- und Gemüseschalen oder -reste.

88 Ihr sollt nicht streiten

Stimmt nicht.

Genervte Eltern sagen das bei jeder Gelegenheit. Oft ist ein Streit natürlich überflüssig oder – gerade unter Geschwistern – im Grunde nur ein Zeitvertreib. Das nervt die anderen und muss nicht sein.

Aber Streiten ist auch wichtig. Denn man muss lernen, seinen eigenen Standpunkt zu vertreten, ohne dabei dem anderen abzusprechen, dass er eine abweichende Meinung vertritt. Das nennt man Streitkultur. Zur Streitkultur gehören Selbstkontrolle, Toleranz und Einfühlungsvermögen, das Erkennen und Ausdrückenkönnen von Gefühlen sowie Konsequenzen voraussehen und akzeptieren zu können. Man kann all das aber nicht theoretisch lernen, sondern nur in der Praxis – also beim Streiten.

Streiten ist auch wichtig, um «Autonomie» zu lernen, Eigenständigkeit. Wie weit geht man für die eigenen Interessen, wann gibt man nach? Am besten kann man das mit jemandem lernen, dem man vertraut: Eltern, Freunde, Geschwister. Das heißt nicht, dass man ausgerechnet mit den Menschen, die man am liebsten mag, Streit anfangen soll. Aber man muss einer Meinungsverschiedenheit auch nicht aus dem Wege gehen. Ziel der Sache ist natürlich, nicht immer nur den eigenen Willen durchzusetzen, sondern Lösungen zu finden, die für alle funktionieren. Dabei lernt man auch, dass man streiten und trotzdem befreundet sein kann.

Sich zu prügeln – also körperliche Gewaltanwendung – ist kein geeignetes Mittel, um miteinander umzugehen. Trotzdem kann es einem ja mal passieren, dass ein anderer anfängt, zum Beispiel zu schubsen. Deshalb ist es wichtig, genau zu wissen, wie man sich mit Worten wehrt, statt sofort zurückzuschlagen.

Wenn überhaupt keine Lösung in Sicht ist, lohnt es sich, einen Streit-Schlichter (oft «Mediator» genannt) dazuzubitten. Das kann ein Lehrer oder Elternteil sein, in vielen Klassen übernehmen auch Mitschüler diese Rolle. Sie hören in Ruhe beide Seiten an und versuchen, einen gerechten Lösungsvorschlag zu machen. Daraus kann man dann auch selbst etwas für den nächsten Streit lernen.

89 Nein heißt Nein

Stimmt.

Gilt aber für alle, nicht nur für Eltern.

Der Buchautor und Erziehungsexperte Dr. Jan-Uwe Rogge findet: «Wenn ich Nein sage, ist das auch ein Nein. Kein Vielleicht, sondern ein Nein.» Aber: «Wenn ein Kind das nicht akzeptieren kann, muss man darüber nachdenken, was das bedeuten kann. Kinder, die ein Nein nicht akzeptieren, sind nicht ungehörig, sondern wollen etwas aufzeigen. Die Eltern sollten sich fragen, warum das Kind sich unterdrückt fühlt und was hinter dem Vorwurf steckt.»

Und was kann man selbst tun? Wem die eigenen Eltern viel zu streng erscheinen, wer das Gefühl hat, dass sie alles verbieten, dem schlägt Rogge vor: «Kinder und Jugendliche sollten ihre Wünsche und Bedürfnisse möglichst klar formulieren. Also nicht einfach schreien: Ihr seid gemein! Sondern zum Beispiel sagen: Ich bin bereit, fünfmal die Woche um 22 Uhr ins Bett zu gehen, aber zweimal möchte ich selbst bestimmen können.»

Ein Nein ist also ein Nein – aber das nächste Nein ist verhandelbar.

Wichtig ist dabei: Nein heißt auch für Erwachsene Nein! Rogge: «Wenn Kinder Nein sagen, meinen sie auch Nein, und Eltern müssen das ernst nehmen und akzeptieren, sich nicht darüber hinwegsetzen.» Schließlich haben Eltern ja auch Vorbildfunktion – ob sie es wollen oder nicht: Kinder machen ihnen so ziemlich alles nach.

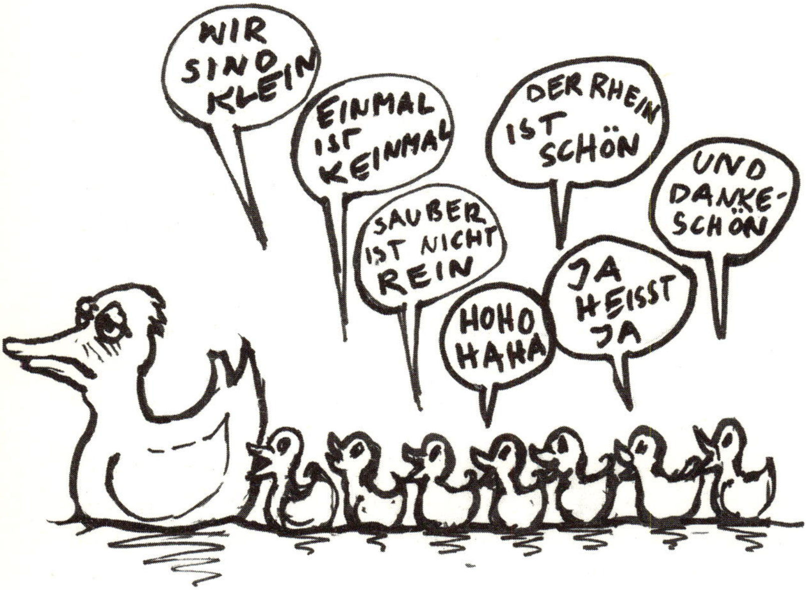

90 Nicht ins Schwimmbecken pinkeln

Stimmt nicht.

Urin ist sowieso eine ganz tolle Sache. Das hat mir eine «Wissen-macht-Ah!»-Zuschauerin geschrieben, als ich einmal in einer Sendung beim Anblick eines Bechers mit Urin angeekelt das Gesicht verzogen habe. Sie ist überzeugte Morgenurintrinkerin und findet den gelben Saft richtig lecker.

Ja, das gibt es wirklich: Leute, die zum Frühstück ein Glas ihres eigenen Urins trinken, noch warm.

Angeblich ist das gesund und stärkt die Abwehrkräfte. Zumindest aber ist es wohl nicht schädlich, denn Urin an sich ist beim gesunden Menschen steril, erst in der Harnröhre werden Keime hineingestrudelt, aber solange man nicht krank ist, kann man gern auch mal ein Tässchen Harn trinken.

Aber selbst wenn man das nicht möchte, wird dadurch klar: Ins Schwimmbecken zu pinkeln, ist vielleicht eklig, aber nicht gefährlich. Ohnehin fasst die Harnblase nur etwa 150 bis 500 Milliliter Flüssigkeit. Wenn man mal eine Flasche Cola – ist vielleicht nicht ganz so ekelerregend wie eine Flasche Urin – ins Schwimmbad kippt, hat sich innerhalb weniger Minuten die Flüssigkeit verteilt, und von der schwarzen Farbe ist nichts mehr zu sehen. Genauso ist es mit Urin.

Früher, bei den Römern und Griechen, wurde Urin sogar als Waschmittel verwendet. In Rom gab es hauptberufliche Urinsammler, die sehr gut bezahlt wurden. Urea – Harnstoff – wird auch vielen Cremes und Kosmetika beigemischt, weil sie die Haut pflegt. (Keine Sorge, niemand pinkelt professionell in große Hautcremebottiche, die in den Fabriken stehen – der Harnstoff wird künstlich erzeugt.)

Das Wasser in öffentlichen Schwimmbädern enthält außerdem Chlor, einen Stoff, der Keime abtötet, und wird über eine Umwälzanlage gereinigt. Die Normwerte für die Wasserqualität dort sind sehr streng. Selbst im Kinderbecken droht also keine Gefahr. Man glaubt nur, dass es aus reinem Pipi bestünde, weil es so pipiwarm ist.

Einer meiner Freunde hat mir mal erzählt, Schwimmbäder würden dem Wasser eine Chemikalie beimischen, die sich blau oder lila färbt, wenn man ins Wasser pinkelt – so könnte man die «Wassersünder» ausmachen. Das stimmt aber nicht. Für private Schwimmbäder gibt es zwar einen Harnstofftest, damit man feststellen kann, ob das Wasser gewechselt oder gereinigt werden muss. Aber auch dafür wird nur eine Probe entnommen, die dann getestet wird.

Also: keine Gefahr, Wasser marsch!

91 Wer schön sein will, muss leiden

Stimmt nicht.

Diesem Spruch liegt die Annahme zugrunde, dass man nicht von Natur aus schön sei, sondern erst schön wird. Und dass dieser Prozess auch nicht leicht und angenehm, sondern schmerzhaft ist.

Ursprünglich war dieser Satz nur eine Situationsbeschreibung. Heute verwenden Eltern ihn eher, um deutlich zu machen, dass sie den «Schönheitswahn» ihrer Kinder – häufig der Töchter – übertrieben finden, zum Beispiel wenn die sich stundenlang für eine Party schminken oder über hohe Kosmetikpreise jammern. Dann zu sagen, «wer schön sein will, muss leiden», ist aber ganz schön um die Ecke gedacht, zumal die Kinder ja in diesem Moment gar nicht leiden.

Fest steht, dass Menschen schon sehr früh begonnen haben, für die Schönheit – oder was man gerade dafür hielt – Leid auf sich zu nehmen. Schönheit bestimmt, heute wahrscheinlich mehr denn je, den Wert und sozialen Status einer Person. Der Übergang zwischen Schönheitsmerkmalen und Statussymbolen (dickes Auto, schwerer Schmuck, teure Kleidung) ist fließend.

Bereits etwa 400 vor Christus ließ sich der Steinzeitmensch Ötzi tätowieren. Dies war vermutlich Ausdruck seiner hohen gesellschaftlichen Stellung.

Im China der Sung-Dynastie (von 8960 bis 1278 vor Christus) begannen Tänzerinnen und wohlhabende Frauen, sich Bandagen eng um die Füße zu wickeln, damit diese die Form einer Lotosblüte einnahmen. Später wurden jungen Mädchen sogar die Fußknochen gebrochen, und man umwickelte ihre Füße mit Bandagen, in die Glasscherben eingeflochten waren, damit sie Lotosfüße erhielten. Diese Frauen konnten natürlich nicht mehr alleine

gehen und wurden somit zum Statussymbol ihrer Ehemänner, die offensichtlich finanziell in der Lage waren, für sie zu sorgen.

Unter den Surma- und Mursi-Frauen in Äthiopien gilt es als schön, die Unterlippe und die Ohrläppchen einzuschneiden und mit Hilfe eingesetzter Holz- und Tonteller zu weiten. In Myanmar und Thailand werden den Frauen vom Stamm der Padong Karen die Hälse durch umgelegte Metallringe gestreckt.

Auch in Europa wurde für die vordergründige Schönheit viel Schmerz in Kauf genommen. Ab dem 16. Jahrhundert trugen Frauen Korsetts, die teilweise so eng waren, dass die Frauen stets kurz vor einer Ohnmacht standen.

Heute noch nehmen viele Frauen Schmerzen in Kauf, wenn sie hochhackige Schuhe tragen. Denn bereits Absätze ab einer Höhe von drei Zentimetern, aber auch Schnabel-, Plateau- und sogar viele sogenannte Gesundheitsschuhe sind schlecht für die Trägerinnen. Schmerzhafte Tätowierungen sind immer noch in, und im Jahr 2005 wurden bereits rund 400 000 Schönheitsoperationen in Deutschland durchgeführt, vor allem Fettabsaugungen, Liftings und Straffungen.

Man darf aber nicht vergessen, dass Schönheit allein das Leben nicht schöner macht. Das stellte Christopher Beeves von der Universität Texas fest. Er hatte 91 Models und ebenso viele Vergleichspersonen zwischen 19 und 35 Jahren befragt. Ergebnis: Die Models waren körperlich genauso gesund wie die übrigen Testpersonen, psychisch jedoch weniger stabil. Sie neigten zu Misstrauen, reagierten gefühlsbetonter, passten sich weniger an und waren exzentrischer. Zugleich aber erwiesen sie sich als genauso schüchtern und aufmerksamkeitssuchend wie andere. In den Bereichen Lebenszufriedenheit und Glücksgefühle lagen sie schön unter dem Durchschnitt.

Ganz sicher leiden auch die etwa 220 000 jungen Menschen zwischen 15 und 24 Jahren, die in Deutschland an Magersucht oder Ess-Brech-Sucht erkrankt sind, welche durch das überzogene Schönheitsideal in Film und Fernsehen oft verstärkt werden.

Es stimmt also: Viele von uns leiden für die Schönheit oder das, was man gerade dafür hält. Falsch ist: Wer schön sein will, *muss* leiden. Manche – wie Shary und ich – sind es von Natur aus.

92 Wer einmal lügt, dem glaubt man nicht, auch wenn er dann die Wahrheit spricht

Stimmt.

Das Sprichwort verallgemeinert eine Erfahrung, die sicher jeder schon mal gemacht hat. Wenn man jemanden bei einer Lüge erwischt hat, dann traut man ihm nicht mehr so recht. Man sagt sogar: «Eine Lüge gebiert zehn andere» oder «Man braucht sieben Lügen, um eine zu bestätigen». Denn oft lügt jemand immer weiter, nur um nicht erwischt zu werden. So können aus einer Lüge ganz schnell zehn werden.

Wenn man von jemandem einmal belogen wurde, warum sollte man ihm dann nächstes Mal trauen? Es könnte ja sein, dass man wieder angelogen wird.

Umgekehrt ist es genauso: Haben wir gute Erfahrungen mit jemandem gemacht, werden wir ihm beim nächsten Mal gutwillig glauben. Das wiederum nutzen Betrüger manchmal schamlos aus, zum Beispiel bei Internetauktionen. Sie kaufen einige billige Gegenstände, bezahlen schnell und erhalten dafür gute Wertungen. Dann bieten sie einen Haufen teurer Elektrogeräte an, lassen sich von Käufern, die auf die Positiv-Wertungen vertrauen, im Voraus bezahlen – und tauchen mit dem Geld einfach unter.

93 Schuster, bleib bei deinem Leisten (Ja, es heißt wirklich «deinem». Mehr dazu im Text.)

Stimmt.

Aber manchmal sollte man sich trotzdem nicht daran halten.

Diese Redewendung soll sagen, dass man sich besser nicht in etwas einmischt oder sich an etwas versucht, von dem man nichts versteht. Das ist einerseits richtig – wenn man etwas nicht kann oder keine Ahnung davon hat, soll man lieber die Finger davon lassen. Andererseits: Wer nicht wagt, der nicht gewinnt (siehe Regel 95).

Ursprünglich hieß der Satz ganz anders, hatte aber dieselbe Bedeutung. In der zweiten Hälfte des 4. Jahrhunderts vor Christus lebte in Griechenland ein Künstler namens Apelles. Er war der persönliche Maler von Alexander dem Großen, leider sind aber kaum Werke von ihm erhalten. Angeblich nun hatte Apelles die Angewohnheit, seine Bilder öffentlich auszustellen – und sich hinter den Gemälden zu verstecken, um heimlich zu beobachten, wie die Passanten reagierten. Eines Tages beschwerte sich ein Schuster lauthals darüber, dass an einer Sandale auf der inneren Seite eine Öse fehlte. Apelles verbesserte das Bild dementsprechend. Als der Schuster am nächsten Tag wieder vorbeikam und sah, dass seine Kritik ernst genommen worden war, begann er, auch noch über die Darstellung des Schienbeins zu lästern. Da trat Apelles aus seinem Versteck und sagte genervt zu dem Schuster: «Ne sutor supra crepidam!»

Das heißt wörtlich: «Nicht, Schuster, über die Sandale hinaus!» Er meinte damit: Wie eine Sandale richtig aussieht, weiß der Schuster, aber wie ein Schienbein auszusehen hat, nicht. Wer mal nach Kassel kommt, kann sich die Geschichte auch anschauen. Im Landesmuseum dort hängt das Bild «Apelles und der Schuster», welches Frans Francken etwa 1610 malte.

Bevor Ende des 19. Jahrhunderts die elektrische Glühlampe erfunden wurde, benutzten Handwerker für Feinarbeiten eine wassergefüllte Glaskugel, um das Licht einer Kerze zu bündeln. Diese Kugel nannte man «Schusterkugel» – sie sieht ein bisschen aus wie die Glaskugel eines Wahrsagers. Außerdem wurden Schuster zumindest in der Literatur oft als gebildete und altkluge Menschen dargestellt, später auch als aufmüpfige Revolutionäre – in beiden Fällen als Leute, die zu allem etwas zu sagen hatten.

Das nervt natürlich diejenigen, die von einer Sache wirklich etwas verstehen (oder es zumindest glauben), deshalb sagen sie: Schuster, bleib bei deinem Leisten (also: mach deine Arbeit und halt dich raus). Wichtig ist das «m» in «deinem». Der Schuster arbeitet nämlich nicht mit einer Leiste, sondern mit einem Leisten: Das ist das Holzmodell, um das herum der Schuh gefertigt wird. Für ein Paar Schuhe braucht man zwei Leisten, einen für den rechten und einen für den linken Schuh. (Ja, alle aufmerksamen Leser werden bemerkt haben, dass «Schuster, bleib bei deinen Leisten» auch richtig ist – wenn damit die Mehrzahl von Leisten gemeint ist.)

94 Fragen kostet nichts

Stimmt.

Das ist aber nur Zufall.

Denn «Alle Fragen sind frey» hieß es schon 1616 – das war aber ganz anders gemeint. «Eine Frage ist nur dann nicht übel zu deuten, wenn sie aus unschuldiger Absicht oder aus einem erlaubten Scherz geschieht; sie steht aber nicht frei, wenn sie aus verbotener Neugier entspringt oder wirklich etwas Beleidigendes oder Ehrenrühriges enthält, weil es schon eine Beleidigung ist, wenn man anderer Ehre und Tugend auch nur eine Frage unterwirft», heißt es in Karl Friedrich Wilhelm Wanders *Deutschem Sprichwörter-Lexikon* von 1964.

Es besteht die Freiheit, eine Frage zu stellen – das war gemeint mit «Alle Fragen sind frey». Man darf alle Fragen stellen, man darf nur nicht auf alle Fragen eine Antwort erwarten.

Heute versteht man unter «frei» jedoch, dass etwas umsonst ist – also nichts kostet. Auch das ist richtig. Fragen kostet nichts, weder den Befragten noch den Fragenden (solange sich in der Frage nicht schon eine Beleidigung verbirgt).

Ausnahme: Anrufe bei der Telefonauskunft. Da kostet Fragen richtig viel.

95 Wer nicht wagt, der nicht gewinnt

Stimmt.

«Frisch gewagt ist halb gewonnen», sagt man auch. Oder, vor langer Zeit: «Wagen ist besser als wägen» – wägen bedeutet abwägen, also über etwas nachdenken. Wer aber ewig nachdachte, erreichte nie ein Ziel.

Und darum geht es: «Feste Entschlossenheit fördert manch schwieriges Unternehmen, das bei Zaghaftigkeit unfehlbar misslingen würde», schreibt Karl Friedrich Wilhelm Wander im *Deutschen Sprichwörter-Lexikon*. «Darum hat in Revolutionen und im Kriege der angreifende Teil immer bedeutende Vorteile.»

Natürlich kann man durch wilden Aktionismus nicht jedes Ziel erreichen (schade auch). Aber wer einfach nur zögert, kriegt noch weniger zustande.

96 Wer anderen eine Grube gräbt, fällt selbst hinein

Stimmt nicht ganz.

Bereits in der Bibel sind sechs Dinge genannt, «die der Herr hasst», darunter «ein Herz, das arge Ränke schmiedet», also hinterlistige Pläne (Sprüche 6,16–20). Ebenso heißt es: «Wer eine Grube gräbt, fällt darein» (Sprüche 26,27). Eine böse Tat fällt daher, zumindest aus biblischer Sicht, stets auf den Täter zurück und bringt ihm somit langfristig keinen Nutzen, weil sein Handeln Gott missfällt.

Ein hebräisches Sprichwort hat denselben Sinn, verdeutlicht den möglichen Ablauf der Ereignisse aber noch klarer: «Wer dem Nachbarn den Zaun einreißt, wird von der Schlange gebissen.»

Das Sprichwort stammt aus einer Zeit, als Fleisch noch nicht in eingeschweißten Päckchen im Supermarkt gekauft werden konnte, sondern mühsam gejagt und erlegt werden musste. Um wilde Tiere zu fangen, Wölfe beispielsweise, grub man daher irgendwo im Wald ein mehrere Meter tiefes Loch, in dessen Boden man spitze Pflöcke einschlug und das mit Ästen, Reisig und Blättern abgedeckt und getarnt wurde. Oft befand sich ein Köder in der Falle, zum Beispiel eine lebende Gans, um Wild anzulocken.

Dummerweise waren diese Gruben oft so gut versteckt, dass die Jäger beim nächsten Ausflug in den Wald selbst hineinfielen. Wegen dieser Gefahr (und aus Tierschutzgründen) sind Fallgruben seit langem verboten.

Die Redewendung kann als Warnung benutzt werden, aber auch als schadenfroher Kommentar, wenn jemand einen anderen hereinlegen wollte und selbst dran glauben musste.

Man darf aber nicht vergessen: Man kann anderen auch eine Grube graben, ohne selbst hineinzufallen. Ich meine das im Sandkasten-Baugruben-Sinn. Das ist nur kein eigenes Sprichwort wert.

97 Von Turnschuhen kriegt man Schweißfüße

Stimmt.

Gemeint sind allerdings nicht «Schweißfüße», sondern «Stinkfüße». Schweißfüße hat nämlich jeder. Schon an einem ganz normalen Tag können die Schweißdrüsen am Fuß bis zu 50 Milliliter Schweiß abgeben, und Kinder schwitzen zudem mehr als Erwachsene. Ein neugekaufter, vollgeschwitzter Turnschuh stinkt nach der Sportstunde jedoch nicht, und der Fuß ebenso wenig.

Am Abend aber muffelt der Schuh ganz schön, und der Fuß auch.

Bakterien zersetzen im Schweiß enthaltene Stoffe – und das Ergebnis riecht unangenehm nach Käse, der schon ein wenig länger vor sich hin fault. Diese Bakterien mögen Wärme. Turnschuhe sind oft aus künstlichem, luftundurchlässigem Material gemacht – das mag ideal für die sportliche Leistung sein, gut für die Haut ist es nicht. In vielen Turnschuhen wird es also schnell warm und feucht.

Turnschuh ist dabei nicht gleich Turnschuh. Viele Sneakers sehen aus wie Turnschuhe, sind aber – laut Hersteller – offiziell «sportliche Straßenschuhe». Bereits Mitte des 19. Jahrhunderts kamen in den USA Leinenschnürschuhe mit Gummisohle auf den Markt. Inzwischen sind Sneakers sehr beliebt, nicht nur beim Sport, sondern auch im Alltag.

Früher waren die meisten Schuhe aus Leder, das Schweiß wie kein anderer Stoff für Schuhe absorbiert und unbemerkt an die Luft abgibt. In guten Lederschuhen bilden sich also keine Schweiß- bzw. Stinkefüße. Doch selbst teure Markenturnschuhe weisen eine schlechte Wasserdampfdurchlässigkeit auf, stellte die Zeitschrift *Öko-Test* fest.

Was also tun, wenn die Füße stinken? Lederschuhe zu tragen, hilft. Besser noch, man trägt die Schuhe immer nur einen Tag lang und lässt sie dann einen Tag lang ausdünsten. So kann der Schweiß aus dem Inneren des Schuhs verdampfen. Socken oder Strümpfe sollten aus Naturfasern bestehen. Es ist nur ein geringer Kunstfaseranteil nötig, damit die Socke elastisch bleibt.

Außerdem sollte man natürlich täglich die Socken wechseln und sich, vor allem wenn man eine etwas höhere Schweißproduktion hat oder beim Sport war, die Füße waschen.

Und wenn das alles nichts bringt, kann man mit einer schönen Käseplatte, die man mit sich herumträgt, prima vom eigenen Fußgeruch ablenken.

98 Sport hilft gegen Muskelkater

Stimmt nicht.

Man weiß nicht genau, wie Muskelkater entsteht. Früher dachte man, eine Übersäuerung des Muskels durch Milchsäure wäre der Grund. Heute vermutet man, dass durch Überlastung kleine Risse im Muskelgewebe entstehen. Sie führen zu Entzündungen, dadurch dringt Wasser ein und lässt den Muskel anschwellen – und das sorgt für Dehnungsschmerz etwa 12 bis 24 Stunden nach einem zu heftigen Training.

Wie auch immer: Die Muskeln tun weh, und wenn dann noch einer dröhnt – «Sport hilft gegen Muskelkater», dann tut das noch mehr weh.

Wer die Muskeln weiter beansprucht, nimmt den Schmerz während der Bewegung zwar eventuell weniger wahr. «Aber wenn man vom Fahrrad absteigt, ist der Muskelkater wieder da», betont Hans-Joachim Appell, Professor für Funktionale Anatomie an der Sporthochschule Köln. Bisher haben Wissenschaftler noch kein Mittel gefunden, das die Dauer des Muskelkaters verkürzt. Das Einzige, was möglicherweise Linderung verschafft, so Appell, sind Wärme oder Saunagänge.

Die Annahme, Muskelkater zeige an, wie gut man trainiert habe (und wer keine Schmerzen leide, werde auch nicht besser), ist inzwischen ebenfalls überholt; «no pain, no gain» gilt nicht mehr.

99 Buchen sollst du suchen, Eichen sollst du weichen

Stimmt nicht.

Der Rat sollte bei einem überraschenden Gewitter helfen: Eichen würden häufiger vom Blitz getroffen als Buchen, dachte man, daher sei es sicherer, unter einer Buche Schutz zu suchen. Auch andere Bäume galten als riskant: «Die Fichten wähl mitnichten», heißt es, und «Die Weiden musst du meiden».

Das ist auch alles richtig – bis auf die Sache mit den Buchen. Die soll man nämlich besser auch nicht suchen. Baum ist Baum bei Gewitter. Die Gefahr, dass ein Blitz einschlägt, ist von Sorte zu Sorte gleich.

Das bestätigt die Schutzgemeinschaft Deutscher Wald: «Es ist nicht so, dass manche Baumarten tatsächlich seltener getroffen werden, der Blitzschlag wird nur unterschiedlich sichtbar.» Die wildzerklüftete Rinde der Eiche saugt Wasser wie ein Schwamm auf und ist daher sehr empfänglich für eine elektrische Entladung – der Baum scheint dann Funken zu sprühen. Die glatte Buchenrinde hat in dieser Hinsicht nichts zu bieten, der Blitz wird direkt in den Boden geleitet, ohne dass sichtbare Schäden entstehen. Auch nach einem Unwetter ist der Blitzschaden an einer Eiche leicht auszumachen, an einer Buche nicht. Daher kam es zu der Annahme, die dieser Regel zugrunde liegt. In beiden Fällen ist die Gefahr für den Schutzsuchenden jedoch gleich groß.

Was also tun, wenn man von einem Gewitter im Freien überrascht wird? Am besten ist es, sich auf einem flachen Feld, idealerweise in einer Mulde, hinzuhocken (nicht hinlegen), den Kopf einzuziehen, und die Füße dicht beieinander zu lassen, sonst besteht die Gefahr einer «Schrittspannung». Schrittspannung bedeutet, der Blitz schlägt in einen nahen Baum ein, die Spannung verteilt sich im Boden, dringt am einen Fuß in den Körper ein und tritt am anderen wieder aus. Das ist nicht gut, denn es hat den gleichen Effekt wie ein richtiger Blitzschlag.

Noch besser ist es natürlich, sich rechtzeitig in Sicherheit zu bringen. Kann man zwischen Blitz und Donner noch langsam bis zehn zählen, ist das Gewitter schon recht nah. Schafft man es nur noch bis drei, ist das Unwetter gerade noch einen Kilometer entfernt. Dann ist Eile geboten.

Aber nicht vergessen: Es gibt weltweit zwar jederzeit 2000 bis 3000 Gewitter, mit täglich 10 bis 30 Millionen Blitzen. (Das heißt: 100 Blitze in jeder Sekunde!) Und doch ist die Wahrscheinlichkeit, dass der Blitz ausgerechnet dort einschlägt, wo man sich gerade befindet, sehr gering! Nur einen von elf Millionen Bürgern trifft pro Jahr tatsächlich ein Blitz.

100 Scheiße sagt man nicht

Stimmt nicht.

Eltern und Erziehungsberechtigte zucken bei diesem eigentlich harmlosen Wort zusammen, das, klanglich gesehen, mit einem stimmlosen postalveolaren Frikativ beginnt, kurz bei einer sommerlichen Erfrischung innehält, um dann mit der Abkürzung für das lebenswichtige Spurenelement Selen zu enden.

Auf Deutsch: SCH-EIS-SE. Sprich Scheiße.

Oder auch: Das Sch-Wort.

In vielen Familien auch: Sch wie schscht, also: Ruhe! Nicht sagen, das Wort!

Aber nehmen wir mal an, man spielt Fußball, und das alles entscheidende Spiel steht an. (Gemerkt? In «Spiel» steckt auch schon ein SCH drin.) Und dann verliert man in der letzten Minute. Das ist doch einfach – Scheiße.

Genau. Da muss man dieses Wort einfach laut ausrufen. Und das ist auch gut. Aber immer schön an die Eltern denken. Die sind vielleicht noch nicht so weit.

Nur warum ist das so? Dazu ein kleines Gedankenexperiment. Ich stelle mir jetzt vor, dass ich zwei Schüsseln vor mir stehen habe. Die eine ist gefüllt mit leckerer Mousse au Chocolat. Die andere ist voll mit Schokoladenmousse, nachdem es den menschlichen Verdauungstrakt passiert hat und hinten wieder rausgekommen ist. (Um es mal gepflegt auszudrücken.) Um zu verstehen – und Verständnis ist ja wichtig –, warum viele Eltern mit fast zwanghafter Abscheu reagieren, sobald man das in den Mund nimmt – also, das Wort –, müssen wir uns in die Lage unserer Eltern versetzen. Wenn wir uns für eine Schale entscheiden müssten, welche würden wir nehmen? Die mit der frischen Mousse au Chocolat, natürlich. Jede andere Wahl wäre absolut ekelerregend – wer isst schon Kot? Denn diese Art menschlicher Ausscheidung, um mal ein weniger drastisches Wort zu benutzen, kann Krankheiten verursachen, sie stinkt, und sie ist all das, was der Körper nicht mehr braucht.

Man möchte also nicht damit in Berührung kommen. Das ist ein ganz natürlicher Schutzmechanismus unseres Körpers. Da ist es doch verständlich, dass viele Erwachsene auch sprachlich damit nicht in Berührung kommen wollen.

Das ist die eine Seite. Die andere Seite ist, dass sich dieses Wort wie kein zweites prima zum Luftablassen eignet. Der sch-Laut ist in diesem Zusammenhang ganz natürlich, wie ein kleiner Versuch beweist. Wenn man eine halb volle Sprudelwasserflasche schüttelt und dann ganz vorsichtig ein klein wenig öffnet, zischt es. Es klingt wie ... ja, genau: SCH! Das kann doch kein Zufall sein.

In der verschlossenen Flasche bildet sich wegen des Kohlendioxids ein Überdruck. Öffnet man die Flasche, dann fällt der Druck in der Flasche ab. Kohlendioxid entweicht hörbar. Und auch sichtbar: Durch den plötzlichen Druckabfall sinkt die Temperatur ein wenig, der Wasserdampf in der Flasche kondensiert, und es bildet sich eine kleine Wolke. Aber das nur nebenbei. Wichtig ist das Geräusch – sch. Das ist ein stimmloser postalveolarer Frikativ.

Im Mund entsteht er, wenn mit der Zunge hinter den Zähnen eine Engstelle gebildet wird. Genauer gesagt, hinter den Alveolen, so nennt man einen bestimmten Teil des Kieferknochens. Die Luft verwirbelt an dieser Stelle, und es entsteht ein Reibelaut. Am einfachsten geht es, wenn man die Zunge locker vom Luftstrom mit nach vorne ziehen lässt. Sch. Sch. Sch...

Das hat wirklich was ganz Befreiendes. Einfach Dampf ablassen. Verbal. Tut auch keinem weh. Es ist einfach nur ein wortgewordenes Ventil. Nicht mehr, nicht weniger. Das verstehen sicher auch alle Eltern (die sagen ja sowieso schon Klugscheißer zu den meisten Lesern dieses Buches).

Und jetzt üben wir mal alle zusammen. Die ganze Familie. Dafür brauchen wir natürlich auch den richtigen Ansporn, dieses Wort herauszustoßen – zum Beispiel eine äußerst unangenehme Nachricht. Das probieren wir jetzt mal. Die Zunge lockern. Einatmen. Und hier ist die unangenehme Nachricht: Dieses Buch ist jetzt zu Ende.

    Scheiße!

    Sehr schön.

Danksagung

Dieses Buch wäre nicht zustande gekommen ohne die Inspiration der zahlreichen begabten Filmemacher von tvision.

Und auch nicht, wenn uns Ulrike Müller-Haupt, unsere Redakteurin beim WDR, nicht ständig den Rücken freihalten würde.

Und auch nicht, wenn Barbara Laugwitz vom Rowohlt Verlag nicht die Idee gehabt hätte, diese Regeln in Buchform zu bringen.

Und auch nicht, wenn Doris Mendlewitsch und Sarah Dietsche nicht so intensiv recherchiert hätten.

Vielen Dank auch an die vielen anderen, die zum Gelingen dieses Buches und der Sendung beigetragen haben, die aber zu bescheiden sind, um hier namentlich genannt werden zu wollen.

Und Felix soll ich schön grüßen.

Inhalt

Vorwort **6**

1 Vom Fernsehen bekommt man viereckige Augen **9**
2 Haare aus der Stirn kämmen, sonst verdirbt man sich die Augen **11**
3 Wenn man schielt, bleiben die Augen so stehen **13**
4 Möhren sind gut für die Augen **16**
5 Im Auto nicht lesen, sonst wird einem schlecht **18**
6 Vor dem Schlafengehen nichts Aufregendes mehr im Fernsehen schauen, sonst schläft man schlecht **20**
7 Fernsehen macht dumm **22**
8 Kaugummis verschlucken verklebt den Magen **25**
9 Zu viel Fast Food ist ungesund **28**
10 Wenn man zu Kaltes trinkt, bekommt man Läuse im Bauch **30**
11 Mit vollem Magen darf man nicht schwimmen gehen **32**
12 Dreck reinigt den Magen **34**
13 Vor dem Schlafengehen nichts Schweres mehr essen, sonst schläft man nicht gut **36**
14 Nicht auf den Haaren kauen, sonst kann es Haarknäuel im Bauch geben **38**
15 Wenn man die Kerne vom Obst mitisst, wächst einem ein Baum auf dem Kopf **40**
16 Von zu viel Cola bekommt man schwarze Füße **42**
17 Immer die Schuhe zubinden, sonst stolpert man **46**
18 Kinder müssen vor Einbruch der Dunkelheit zu Hause sein **48**
19 Nicht rennen, wenn man ein Messer oder eine Schere in der Hand hält **50**

20	Im Schwimmbad nicht rennen	**51**
21	Nicht bei Rot über die Straße gehen	**53**
22	Man muss sich regelmäßig die Nägel schneiden, sonst wachsen sie ein	**54**
23	Nach dem Klo und vor dem Essen Hände waschen nicht vergessen	**55**
24	Was auf dem Boden liegt, nicht aufheben	**57**
25	Nicht die Finger in die Steckdose stecken	**58**
26	Keine toten Tiere anfassen	**60**
27	Was Hänschen nicht lernt, lernt Hans nimmermehr	**62**
28	Der frühe Schlaf ist der gesündeste & Der Schlaf vor 12 zählt doppelt	**63**
29	Nicht heulen, sonst wird der Kopf immer größer, bis er irgendwann platzt	**66**
30	100 Bürstenstriche für glänzendes Haar	**68**
31	Keine Plastiktüten über den Kopf ziehen, sonst erstickt man	**69**
32	Ärger macht hässlich	**70**
33	Zahnpasta hilft gegen Pickel	**72**
34	Nicht die Bettdecke über den Kopf ziehen, sonst stirbt man & Hände über die Bettdecke	**73**
35	Nicht zu schnell Ballons oder Schwimmreifen aufpusten, sonst fällt man in Ohnmacht	**75**
36	Nicht mit nassen Haaren rausgehen, sonst erkältet man sich	**77**
37	Jeden Tag duschen und Haare waschen	**80**
38	Ein Indianer kennt keinen Schmerz	**83**
39	Kaffee und Cola sind nichts für Kinder, weil da Koffein drin ist	**87**
40	Nicht die Blutkruste von der Haut abreißen – das gibt Narben	**89**
41	Wunden heilen besser an der Luft	**91**
42	Messer, Gabel, Schere, Licht sind für kleine Kinder nicht	**92**

43	Wenn man nicht aufisst, gibt es schlechtes Wetter	**95**
44	Nicht den Joghurtdeckel ablecken	**98**
45	Lippenpflege macht süchtig	**100**
46	Beim Husten die Hand vor den Mund nehmen	**102**
47	Gegen Schluckauf hilft Erschrecken / ein Löffel Zucker / der geht von alleine weg	**104**
48	Aus der Flasche darf man nicht trinken	**106**
49	Vogelbeeren und Muskatnüsse darf man nicht essen, sonst stirbt man	**108**
50	Vor dem Essen keine Süßigkeiten essen, sonst verdirbt man sich den Appetit	**110**
51	Keine Brombeeren oder Himbeeren im Wald pflücken und essen, sonst kann man einen Fuchsbandwurm bekommen	**111**
52	Iss morgens wie ein Kaiser, mittags wie ein Edelmann und abends wie ein Bettler	**113**
53	Zahnpasta nicht runterschlucken, davon wird man krank und bekommt Fieber	**115**
54	Wein ist nichts für Kinder, weil da Alkohol drin ist	**117**
55	Sauer macht lustig	**119**
56	Beim Zähneputzen nicht das Wasser laufen lassen	**121**
57	Kinder reden nur, wenn sie gefragt werden & Wenn Erwachsene sich unterhalten, müssen Kinder still sein	**124**
58	Nicht rülpsen & Nicht furzen	**126**
59	Wie man in den Wald hineinruft, so schallt es heraus	**129**
60	Nicht aus Spaß um Hilfe schreien	**130**
61	Nicht aus Spaß die Feuerwehr rufen	**131**
62	Vom Schreien wird es nur noch schlimmer	**134**
63	Lügen haben kurze Beine	**135**
64	Einem geschenkten Gaul schaut man nicht ins Maul	**136**
65	Nicht am Finger lutschen, sonst hat man später schiefe Zähne	**138**
66	Von Süßigkeiten bekommt man schlechte Zähne	**140**
67	Vom Schwindeln bekommt man eine lange Nase	**143**

68	Geld stinkt nicht	**147**
69	Nicht den Rotz in der Nase hochziehen	**150**
70	Keine Erbsen in die Nase stecken	**152**
71	Wer nicht hören will, muss fühlen	**153**
72	Zu laute Musik ist schlecht für die Ohren	**154**
73	Rockmusik macht dumm & Mozart macht schlau	**156**
74	Gerade sitzen, sonst bekommt man einen Buckel	**159**
75	Keine Umhängetasche tragen, sonst bekommt man einen krummen Rücken	**161**
76	Wer nicht kommt zur rechten Zeit, der muss sehen, was übrig bleibt	**162**
77	Müßiggang ist aller Laster Anfang	**163**
78	Der Apfel fällt nicht weit vom Stamm	**165**
79	Bei Tisch erst anfangen mit dem Essen, wenn alle etwas haben & Nach dem Essen sitzen bleiben, bis alle fertig sind	**167**
80	Was du nicht willst, das man dir tut, das füg auch keinem anderen zu	**169**
81	Immer brav sein, der Nikolaus bzw. der Weihnachtsmann sieht alles	**171**
82	Es ist noch kein Meister vom Himmel gefallen & Übung macht den Meister	**175**
83	Nicht lachen, wenn anderen ein Missgeschick passiert	**176**
84	Immer machen, was die Eltern einem sagen	**178**
85	Übermut tut selten gut & Hochmut kommt vor dem Fall	**180**
86	Geschenkt ist geschenkt, und wiederholen ist gestohlen	**182**
87	Essensreste nicht ins Klo kippen	**184**
88	Ihr sollt nicht streiten	**185**
89	Nein heißt Nein	**187**
90	Nicht ins Schwimmbecken pinkeln	**189**
91	Wer schön sein will, muss leiden	**191**

92	Wer einmal lügt, dem glaubt man nicht, auch wenn er dann die Wahrheit spricht	**195**
93	Schuster, bleib bei deinem Leisten	**196**
94	Fragen kostet nichts	**198**
95	Wer nicht wagt, der nicht gewinnt	**199**
96	Wer anderen eine Grube gräbt, fällt selbst hinein	**200**
97	Von Turnschuhen kriegt man Schweißfüße	**202**
98	Sport hilft gegen Muskelkater	**204**
99	Buchen sollst du suchen, Eichen sollst du weichen	**205**
100	Scheiße sagt man nicht	**207**
	Dank	**213**

Dietrich Grönemeyer
Der kleine Medicus

Dieses Buch erzählt die Geschichte einer abenteuerlichen Reise durch die phantastische Welt des menschlichen Körpers, ohne dabei die Seele zu vergessen. Kompaktes Wissen, spannend aufbereitet, eine faszinierende Lektüre für Jung und Alt.
rororo 62074

Die fröhliche Wissenschaft
Edutainment für Jung und Alt

Wigald Boning / Barbara Eligmann
clever! Das Wissensbuch

Kann man ein Glas wirklich «zersingen»? Warum ist Gähnen ansteckend? Warum fressen Krokodile Steine? Wigald Boning und Barbara Eligmann klären mit viel Sachverstand und Humor diese und andere Alltagsphänomene.
rororo 62150

clever! Das Wissensbuch 2

Neue spannende und unterhaltsame Experimente zum Nachlesen und Mitraten: Kraulen oder Brustschwimmen – was bringt einen im Weltall schneller voran? Warum explodieren tiefgekühlte Flaschen, kurz nachdem man sie ins Warme geholt hat? Wie entfernt man Kaugummis aus dem Haar? Und vieles mehr.
rororo 62270

Weitere Informationen in der Rowohlt Revue *oder unter* www.rororo.de

© Klaus Kallabis

Christoph Drösser

Stimmt's, Herr Drösser, dass Ihre Bücher süchtig machen?

Stimmt's?
Moderne Legenden im Test
rororo 60728
«Bier auf Wein, das lass sein – Wein auf Bier, das rat ich dir.» Stimmt's? Alltagsweisheiten auf dem Prüfstand.

Stimmt's?
Noch mehr moderne Legenden im Test. rororo 60933

Stimmt's?
Neue moderne Legenden im Test
rororo 61489

Stimmt's?
Freche Fragen, Lügen und Legenden für clevere Kids
rororo 21310
Stimmt's, dass Pinguine umfallen, wenn Flugzeuge über sie hinwegfliegen? Gähnen ansteckend ist? Pupse brennbar sind? Schokolade süchtig macht? Christoph Drösser, Redakteur der «Zeit» und science-Buchautor, macht Schluss mit Lügen und Legenden.

Stimmt's?
Moderne Legenden im Test – Folge 4
Auch nach acht Jahren reißt der Strom der Fragen nicht ab, mit denen die «Zeit»-Leser Christoph Drösser löchern. Hier sind 100 Themen aus den letzten drei Jahren versammelt.

rororo 62064

Weitere Informationen in der Rowohlt Revue oder unter www.rororo.de

1, 2, 3, 4 oder 5 Sterne?
Wie hat Ihnen dieses Buch gefallen?

Bewerten Sie es auf

Die Online-Community für alle, die Bücher lieben.

Klicken Sie sich rein und
bewerten Sie Bücher,
finden Sie Buchempfehlungen,
schreiben Sie Rezensionen,
unterhalten Sie sich mit Freunden
und entdecken Sie vieles mehr.